1960
4·19혁명

천천히읽는책_68

1960 4·19혁명

글 성현정 이정호 장은영 박윤우

펴낸날 2024년 4월 19일 초판1쇄
펴낸이 김남호 | 펴낸곳 현북스
출판등록일 2010년 11월 11일 | 제313-2010-333호
주소 07207 서울시 영등포구 양평로 157 투웨니퍼스트밸리 801호
전화 02)3141-7277 | 팩스 02)3141-7278
홈페이지 http://www.hyunbooks.co.kr | 인스타그램 hyunbooks
ISBN 979-11-5741-419-2 73910

편집장 전은남 | 책임편집 류성희 | 디자인 디.마인 | 마케팅 송유근 함지숙

글 ⓒ 성현정 이정호 장은영 박윤우 2024

이 책은 저작권법에 의하여 보호를 받는 저작물이므로 무단 전재 및 복제를 금지하며,
이 책 내용의 전부 또는 일부를 이용하려면 반드시 저작권자와 현북스의 허락을 받아야 합니다.

⚠주의 종이에 베이거나 긁히지 않도록 조심하세요. 책 모서리가 날카로우니 던지거나 떨어뜨리지 마세요.

1960
4·19혁명

글 성현정 이정호 장은영 박윤우

현북스

| 머리말 |

우리나라 민주주의의 주춧돌 4·19혁명

"유구한 역사와 전통에 빛나는 우리 대한국민은 3·1운동으로 건립된 대한민국임시정부의 법통과 불의에 항거한 4·19민주이념을 계승하고……." (대한민국 헌법 전문)

이처럼 헌법 전문에 4·19혁명을 언급한 것은 '1987년 6월민주항쟁'으로 민주화를 이뤘기 때문이에요. 그만큼 4·19혁명은 우리나라 민주주의 발전에 중요한 전환점이 된 사건이지요. 흔히 4·19혁명으로 이승만 독재 정권이 무너지고 새로운 민주주의 체제가 들어섰다고 말해요. 그러나 그것은 겉으로 보이는 것일 뿐이에요. 4·19혁명의 가장 중요한 의미는 우리나라 민주주의가 그 사건을 계기로 비로소 발전할 기반을 마련했다는 점이지요.

"1948년 대한민국 정부가 생겨난 때부터 민주주의를 시작했으니 그때부터 민주주의가 아닌가요?"

이렇게 반문할 수 있어요. 하지만 그건 민주주의라는 형식만 갖췄을 뿐 진정한 민주주의가 아니었어요. 광복 후 선거를 거쳐 정부가 수립되었지만, 같은 민족끼리 총부리를 겨눈 6·25전쟁이 일어나 온 나라가 잿더미가 되었죠.

   참혹한 전쟁이 끝난 뒤 국민의 삶은 비참해졌어요. 그럴 때 이승만 정권은 온갖 부정부패와 불의를 저지르며 국민의 삶을 돌보지 않았죠. 겉만 민주주의였지 속은 전제주의나 일당 독재와 다를 바 없었어요.

   4·19혁명은 '국민이 나라의 주인'임을 보여 준 역사적 사건이에요. '민주주의' 이 네 글자가 무엇인지 드러낸 위대한 혁명이었죠. 그래서 이 책은 4·19혁명이 왜 일어났는지, 어떻게 전개되었는지, 혁명의 의미를 어떻게 이어 가야 하는지 알려 줘요.

   오래도록 4·19민주이념을 이어 가야 하는 까닭은, 우리의 민주주의가 아직 성숙하지 못해서예요. 민주주의가 위기를 겪을 때마다 4·19혁명은 민주주의가 나아가야 할 방향을 일러 줘요. 우리나라 민주주의의 주춧돌인 4·19혁명을 알아 가면서 민주주의의 의미와 가치를 되새기면 좋겠어요.

| 차례 |

머리말 • 4

4·19혁명, 왜 일어났을까?

가난에 허덕이던 한국 • 10
이승만 장기집권의 길 • 15
민주주의에 눈뜬 학생들 • 23

4·19혁명, 어떻게 전개되었을까?

백만 학도여 일어서라 • 28
3·15부정선거와 김주열 • 40
김주열을 살려내라 • 58
4월 19일 피의 화요일 • 71

제3부

대학 교수와 어린이가 한마음으로 외치다

교수단과 어린이들의 외침 • 94
새 헌법에 따른 총선거 • 106
새로운 헌법과 제2공화국 • 117

제4부

4·19혁명, 어떻게 계승해야 할까?

4·19혁명 뒤 사회 변화 • 122
군사 반란과 민주주의 후퇴 • 130
미완의 혁명에서 완성으로 • 133

부록 • 사건으로 보는 4·19혁명의 역사 • 136

통일당 **부통령** 후보자

기호

김준연

제1부

4·19혁명, 왜 일어났을까?

가난에 허덕이던 한국

빼돌리는 원조 물자

4·19혁명이 일어난 건 1953년 7월의 휴전 협정으로 6·25 전쟁이 끝난 지 채 7년도 지나지 않아서였이.

당시 국민의 삶은 곤궁하기 짝이 없었어. 정성껏 가꾸던 논밭은 6·25전쟁으로 황폐해지고, 농사지을 씨앗은커녕 배를 채울 곡식마저 구하기 힘든 상황이었지. 게다가 정부는 온갖 세금과 납부금을 내놓으라며 국민을 괴롭혔어.

미국을 비롯해 외국의 원조가 있어도 그 혜택은 모든 국민에게 골고루 돌아가지 못했어. 그마저도 1957년에는 미국 경제가 불황에 빠지면서 원조가 크게 줄기 시작했지. 나라 전체가 가난에 허덕이는 모양새였어. 그때 우리나라 1인당 국민소득은 겨우 80달러 정도였거든.

　이런 상황에서도 이승만 정권은 가능한 한 오래 정권을 유지하는 데만 힘을 쏟고 있었지.

　재벌 대기업들은 자유당을 통해 조세나 금융, 외화자금 등에서 특혜를 누리고, 여러 가지 정책적인 지원을 받으며 배를 불렸어. 그 대가로 자유당은 그들로부터 안정적으로 정치자금을 얻어 낼 수 있었어.

　소비재 위주의 경공업에만 치우쳐 이를 뒷받침하는 생산재 부문 공업의 발달이 늦어진 것은 이때부터였어. 결국 공업생산물 원료의 90%가 해외에서 수입되는 바람에 한국 경제는 외국 의존도가 높아질 수밖에 없었지.

　재벌 대기업이 덩치를 키우는 동안 다른 기업들은 말라죽어 갔고, 국민들 역시 점점 더 가난해졌어. 농민들은 임시토지소득세법으로 인해 과한 세금을 내는 한편, 미국에서 잉여 농산물이 수입되면서 곡물 가격이 떨어져 경제적

어려움은 커져만 갔어. 농민들은 고향을 등지고 돈을 벌기 위해 도시로 가야 했지. 덕분에 도시에서는 빈민과 실업자가 늘어만 갔어.

기본권 제한과 언론 탄압

'이승만은 모든 자유주의자와 자신에게 반대하는 좌익 세력들은 추방되어야 하며, 그들은 언론의 자유를 가질 수 없다고 생각한다.'

1949년 8월 미국의 정치인이자 법률가인 마우리 메버릭이 록펠러재단에 제출한 보고서에 나온 내용이야.

자신의 상황이 불리해지면 이승만 정권은 서슴없이 폭력을 휘둘렀어. 정치깡패와 서북청년회를 이용해 정권에 반대하는 시민과 정치인들을 탄압했지. 이 두 집단은 온갖 불법적이고 끔찍한 일들을 저질렀지만, 이승만 정권은 그 모두를 눈감아 주었어.

1959년 1월 서울역 광장에서 열린 국가보안법 반대 시위 이승만 정권은 일제의 치안유지법을 그대로 흉내 낸 국가보안법을 만들어 자신에게 반대하는 사람들을 탄압하는 데 악용했어. (사진·경향신문)

이승만은 1948년 국가보안법을 제정할 때도 "국가의 안전과 국민의 생존 및 자유를 확보한다"는 명분을 내세웠어. 이 국가보안법은 일본제국주의가 독립투사들을 탄압하기 위해 만든 '치안유지법'을 그대로 흉내 낸 것이었어. 그리고 이듬해인 1949년, 이승만은 자신에게 반대하는 사람을 모조리 잡아 가두기 시작했지. 당시 국가보안법으로 투옥된 사람의 숫자가 12만 명이 넘을 정도였어. 이들 중에는 국가보안법 제정을 반대한 국회의원 13명도 포함돼 있었지.

반공주의와 악법

6·25전쟁 직후, 우리 국민의 공산주의에 대한 반감은 무척이나 큰 것이었어. 그와 같은 반공주의는 이승만의 단단한 지지 기반이 돼 주었지. 하지만 얼마 지나지 않아 이런 이승만의 기반이 흔들리기 시작했어.

1954년 국제연합(UN) 총회는 한반도의 통일 문제를 다루면서 '평화적 실현'을 강조했어. 1955년 4월 비동맹국가들이 모인 반둥회의에서는 '평화공존 5원칙'이 발표되며 동북아 평화를 다시 한번 요구했어. 이런 국제적인 흐름은 이승만을 궁지로 몰아넣었지.

안으로는 부정부패와 강압이 이어지며 이승만에 대한 민중의 반감은 커져만 갔어. 그런데도 이승만은 국민의 삶이나 어려움에는 관심이 없었지. 여전히 자신을 반대하는 세력에게 폭력과 억압으로 대응했어.

이승만 장기 집권의 길

1952년 부산 정치파동

이승만의 초대 대통령 임기가 1952년 8월로 끝나가자, 이승만은 사람들을 시켜 데모를 일으키고, 5월 26일 비상계엄령(비상사태에 헌법과 상관없이 대통령이 군대를 움직여 치안을 유지하는 일)을 선포했어. 7월 4일, 경찰과 군대가 국회를 둘러싼 가운데 출석 국회의원 166명 중 163명의 찬성(3명은 기권)으로 '발췌개헌안'을 통과시키기 위해서였지. 정부 측 안과 국회 측 안을 발췌(중요한 부분을 가려서 뽑아냄)하여 절충한 헌법이라 '발췌개헌안'이라는 이름이 붙었지만, 결국은 이승만에게 유리한 내용만 쏙쏙 뽑아서 만든 헌법이었어.

당시 이승만은 국민의 손으로 직접 대통령을 뽑는 '대통령 직선제'로 바꾸기를 원했어. 당연히 민주주의나 국민의 권리를 생각해서 내린 결정이 아니었지. 이보다 앞선 1950년 5월 30일에 국회의원 총선거가 있었는데, 야당이 승리하는 바람에 간접선거로는 자신이 다시 당선되기가 힘들어졌거든. 이승만은 자유당을 창당하고 대통령 직선제로 헌법을 바꾸자고 건의했지만, 국회에서 부결되어 거절당했지. 참을 수 없었던 이승만은 힘으로 밀어붙여서 헌법을 바꾼 뒤, 대통령 직선제를 통해 다시 제2대 대통령 자리에 오르게 된 거야.

1954년 사사오입 개헌

1954년 11월, 이승만은 또다시 욕심을 버리지 못하고 2차 헌법 개정을 시도했어. 당시 대통령 임기는 4년, 제2대

1954년 5월 29일 사사오입 개헌에 반대하는 야당 국회의원들 헌법을 개정하려면 국회의원 3분의 2가 찬성해야 하는데, 딱 1표가 부족하자 이승만 정권은 사사오입이라는 기묘한 논리로 개헌안을 통과시켰어. (사진·경향신문)

대통령 임기는 1956년까지였어.

이승만은 자신이 고작 두 번밖에 대통령을 못 한다는 사실을 받아들일 수 없었어. 죽을 때까지 몇 번이고 대통령이 되고 싶었던 거야. 대통령이라기보다는 독재자가 되고 싶었던 걸까?

헌법을 바꾸려면 국회의원 3분의 2가 찬성해야 하는데, 당시 투표에 참여한 국회의원 202명(재적 의원은 총 203명)

중 136명이 찬성하면 통과되는 것이었어. 결과는 찬성 135표, 반대 60표, 기권 7표라 통과되지 못했어. 딱 1표 차이로 부결되었지.

이승만이 포기했을까? 아니었어. 이승만은 대학의 수학과 교수까지 불러가며 다시 억지를 부렸어. 전체 국회의원 수가 203명이고, 이 중 3분의 2는 135.333……의 값이 나오니까 반올림해야 한다고 우겼지. 그러니까 135명만 찬성하면 되는 거라고 말이야. 이 말도 안 되는 황당한 사건을 '사사오입 개헌'이라고 해.

1956년 3대 대통령 선거

그렇게 이루어 낸 직선제 대통령 선거에 나선 유력 후보는 모두 세 사람이었어. 자유당의 이승만, 민주당의 신익희, 진보당의 조봉암이었지. 자유당의 부통령 후보는 이기붕으로 결정되었어.

'못 살겠다! 갈아 보자!'

창당한 지 고작 7개월 된 민주당은 이런 선거 구호를 내걸고 자유당의 독재와 부정부패를 비판하는 데 힘썼어. 공무원과 경찰의 선거 방해를 폭로하기도 하고, 자유당 정권이 얼마나 비도덕적이고 불공정한지 드러내려고 노력했어. 무엇보다 자유당 정권에 깨끗한 선거를 보장해 달라고 강력하게 요구했지.

국가보안법 위반으로 재판을 받고 있는 조봉암
진보당 대통령 후보로 이승만에 맞섰던 조봉암 (사진 맨 앞)은 훗날 국가보안법 위반으로 구속되어 1959년 7월 31일 사형당했어. (사진·위키피디아)

이에 맞서서 자유당은 '갈아 봤자 더 못산다!'는 구호를 내세웠어. 이승만을 '민족의 태양'이라 추켜세우며 그가 얼마나 애국자인지 강조했어.

이에 비해 진보당은 대통령 후보 조봉암을 앞세워 민주

민주당 대통령 후보 신익희 신익희는 선거 유세 도중 뇌내출혈로 쓰러져 사망하고 말았어. 오른쪽 사진은 1956년 5월 23일 열린 신익희의 국민장 행렬 모습이야. (사진·위키피디아)

주의 실현과 평화통일을 주장하며, 자유당과 민주당의 안이한 정책들을 비판하고 나섰어.

그러던 중 민주당 대통령 후보인 신익희가 선거 기간 중 병으로 사망하고 말았어. 민주당은 진보당의 조봉암을 지지하느니 차라리 이승만을 지지하겠다는 내용을 발표했어.

1956년, 81세의 나이에 이승만은 선거에서 승리하며 대통령 자리를 지켜 냈어. 다시 제3대 대통령 자리를 차지한 거야. 그럼에도 불구하고 이승만은 불안하기 짝이 없었어. 1952년과 비교하면 이승만의 득표율은 74.6%에서 55.6%로 낮아진 반면, 조봉암의 득표율은 11.4%에서 23.9%로 부쩍 높아졌거든.

게다가 부통령 선거에서는 민주당의 장면 후보가 자유당의 이기붕 후보를 꺾고 당선됐어. 81세의 이승만이 사망하면 부통령인 장면이 정권을 이어받게 되고, 그러면 자유당은 권력을 뺏길 수도 있는 위기 상황이었어.

정말 국민의 마음은 이승만에서 떠나가고 있었어. 반공주의로 위협하며 국민을 경제적인 빈곤으로 내모는 이승만과 자유당 정권에 실망하고 분노한 민중들 가운데는 점차 '수탈 없는 경제체제 확립'과 '평화통일'을 내세우는 조봉암을 지지하는 세력이 늘어나고 있었지.

민주주의에 눈뜬 학생들

부정선거로 폭발한 민중의 분노

이승만 대통령 임기(1960년 8월 14일)를 앞두고 3월 15일에 정·부통령 선거가 치러졌어. 정치 생명이 위태로워지자 선거에 불안을 느낀 자유당은 또다시 부정선거를 저질렀고, 금방 발각되고 말았지. 이승만 정권에 불만이 많았던 국민은 독재를 꿈꾸는 그들을 더는 지켜볼 수 없었어.

"우리더러 이런 정부를 더 믿고 살라고?"

그간 참고 참았던 민중의 분노가 3·15부정선거를 계기로 폭발했어. 정권 유지에 혈안이 된 정부에 시민들은 폭력을

1960년 3월 15일 치러진 정·부통령 선거 벽보 정치 생명에 불안을 느낀 이승만과 자유당 정권은 부정선거를 저지르고 말았어. (사진·위키피디아)

쓰지 않는 평화적인 시위로 대항했어. 하지만 이승만 정권은 이번에도 국민을 향해 총을 겨누고 강압적으로 시위를 진압하려 했지.

그로 인해 수많은 시민과 학생들이 희생되었어. 이들 중에는 학교에 다니지 못하는 어린 청년들도 있었어. 가난해서 제대로 된 교육을 받지 못했던 구두닦이, 부랑아, 거리의 청소년들 역시 학생, 시민들과 함께 구호를 외치고, 피를 흘리고 목숨을 잃었어.

"한국에서 건강한 민주주의를 기대하는 것은 쓰레기통에서 장미꽃이 피기를 바라는 것과 같다."

1951년 10월 1일 영국 신문인 《더 타임스》 기사에 적힌 문구였어. 국제적으로 한국의 위상이 어땠는지 짐작이 가지? 하지만 이로부터 9년 뒤 벌어진 바로 이 사건이 이런 대한민국의 위상을 단번에 바꾸어 놓았지. 바로 4·19혁명이야. 불가능해 보였던 대한민국의 민주주의가 국민이 흘린 피로 힘겹게 꽃을 피웠던 거야. 이는 아시아 최초로 성공한 민주 혁명이었어!

제2부
4·19혁명, 어떻게 전개되었을까?

백만 학도여 일어서라

대구 2·28민주운동

4·19혁명은 어떤 사건에서 시작되었을까? 흔히 1960년 3월 15일에 벌어진 부정선거에서 4·19혁명이 비롯되었다고 해. 하지만 혁명의 불꽃을 틔운 사건은 그전에 일어난 '대구 2·28민주운동'이야. 2·28민주운동이 4·19혁명의 도화선인 것은, 고등학생들이 중심이 되어 일어난 우리나라 최초의 민주화 운동이기 때문이지. 어떻게 어른이 아닌 고등학생들이 정치에 참여하여 민주화를 요구하게 되었을까?

이기붕 당선을 위한 계획

시간을 거슬러 1년 전으로 돌아가 보자. 1959년 3월에 이승만 대통령은 교통부 장관으로 일하던 최인규를 새로운 내무부 장관으로 임명했어. 일제강점기 친일파였던 최인규는 이승만 대통령을 열렬히 숭배하고 무조건 복종하는 사람이었어. 이 사람이 내무부 장관에 임명된 건 1년 뒤에 치를 정·부통령 선거 때문이었어.

당시의 내무부 장관은 지금의 행정안전부 장관인데, 그 권세는 지금과 비교할 수 없을 만큼 막강했어. 전국의 지방 행정과 경찰을 총괄하고, 선거업무까지 담당했기 때문이야. 마음만 먹으면 전국의 공무원과 경찰을 동원하여 선거를 마음대로 주무를 수 있었지.

최인규는 취임하는 날 공무원들에게 이렇게 말했어.

"모든 공무원은 이승만 대통령에게 충성을 다해야 하며 차기 정·부통령 선거에서는 반드시 자유당 입후보자(이승만·이기붕)가 당선되도록 해야 한다."

이건 헌법을 지켜야 할 공무원이 헌법이 아니라 개인 이승만 대통령만 지키겠다는 거지.

당시의 부통령은 장면이었어. 그런데 장면은 집권당인 자유당이 아니라 야당인 민주당 소속이었지. 이승만 정권은 대통령뿐 아니라 부통령까지 자기 충복인 자유당 이기붕이 차지해야 오랫동안 권력을 누릴 수 있다고 여겼어. 따라서 1960년에 치를 선거에서 이기붕이 반드시 부통령이 되어야 했어. 게다가 이승만의 나이가 85세에 가까워서 갑자기 세상을 떠나면, 부통령인 장면이 대통령직을 이어받게 되니까 그런 상황은 무슨 수를 쓰더라도 피하고 싶었지. 그러면서 원래 5월에 할 선거를 3월에 하겠다고 공표해 버렸어.

그런데 3월 15일 선거를 앞두고 불행한 사건이 일어났어. 민주당의 대통령 후보인 조병옥이 갑자기 세상을 떠난 거야. 조병옥은 대통령 후보로 등록한 뒤 평소 앓던 위장병이 심해졌어. 결국 조병옥은 미국으로 건너가서 수술을 받

치료를 위해 미국으로 떠나는 민주당 대통령 후보 조병옥 미국에서 수술을 받은 조병옥은 수술 후유증으로 그만 숨을 거두고 말았어. (사진·위키피디아)

앉는데, 그 후유증으로 그만 숨을 거두고 말았어.

 사람들은 수군거렸어. 4년 전 치른 대통령 선거에서도 민주당 후보인 신익희가 급작스럽게 별세했거든. 당시 신익희는 투표일을 열흘 앞두고 호남 지방으로 유세하러 길을 떠났어. 그런데 기차 안에서 갑자기 심장마비가 일어나 생을 달리했어. 이승만은 경쟁자 없이 다시 대통령에 당선되었지.

 신익희와 조병옥의 갑작스럽고 이상한 죽음. 너무나 공

교롭게도 경쟁 후보가 모두 사라진 상태에서 대통령이 된 거야. 불행한 죽음이었지만 자유당은 속으로 만세를 불렀어. 이번에도 이승만의 당선은 떼놓은 당상이었지.

이런 정치 상황을 고등학생들도 잘 알고 있었어. 당시에는 고등학교에 진학하는 비율이 높지 않았어. 또 고등학생 교육 수준은 상당히 높았고 사회에 대한 의식과 책임감도 높았어. 그러니 이승만 정권의 독재와 부정부패를 도저히 눈감아 줄 수 없었어.

일요일에 등교하라니!

대구 고등학생들의 분노에 기름을 부은 사건은 2월 28일 일요일에 등교하라는 거였어. 공휴일인 일요일에 학교에 나오라니 말도 안 되잖아. 더구나 그렇게 한 까닭은 2월 28일 대구에서 민주당 장면 부통령 후보의 강연회가 예정되어 있기 때문이었어.

대구는 대한민국 정부가 수립된 후부터 줄곧 야당의 지

지세가 컸던 곳이야. 1956년에 장면이 부통령에 당선되는데 대구가 큰 역할을 했지. 자유당은 장면 후보 강연장에 시민이 모이는 걸 어떻게든 막으려고 했어. 만약 이승만 정권에 반감을 지닌 고등학생들이 강연회에 참석해서 목소리를 높인다면? 민심이 심하게 요동쳐서 자유당 이기붕 당선에 걸림돌이 되겠지. 그래서 교육 당국은 학생들에게 장면의 강연회가 열리는 일요일에 등교하라고 한 거야.

학생들은 부당한 지시를 단호하게 거부했어. 담임선생님에게 따져 물으며 불평불만을 드러냈지.
"일요일에 등교할 이유가 뭐냐?"
"무엇 때문에 우리가 정치적 이용물이 되어야 하느냐?"
경북고등학교의 학생위원회는 다섯 가지 이유를 들어 시험 기간 단축과 일요일 등교에 따르지 않겠다고 결의했어. 하지만 학교는 받아들이지 않았지. 그러자 2월 27일 밤에 경북고등학교, 대구고등학교, 경북대학교 사대부고 학생 30여 명이 모여 다음 날인 28일 낮 1시에 시위하기로 합의

2월 28일 "학원의 자유를 달라"고 외치며 도청으로 향하고 있는 경북고 학생들 민주주의를 향한 열망으로 일어선 고등학생들의 시위는 경찰의 무자비한 탄압에도 시들지 않고 이튿날까지 계속됐어. (사진·2·28대구민주운동기념사업회)

했어.

시위에서 외칠 구호는 세 가지였어.

"횃불을 밝혀라! 동방의 빛들아!"

"학원의 자유를 달라."

"학원을 정치 도구화하지 말라."

학생들은 자신들을 민주주의를 밝힐 횃불이라고 여긴 거야. 민주주의 사회인 만큼 각자의 정치 성향을 자유롭게 표출할 수 있어야 하며, 누구도 학교를 정치의 도구로 삼아서는 안 된다고 생각한 거지. 진정한 민주주의 정신이었던 거야.

마침내 2월 28일 경북고 학생들이 학교에 모이기 시작했어. 전교생 800여 명이 모이자 학생위원회 부회장 이대우와 학생위원 안효영이 두루마리 결의문을 움켜쥐고 단상으로 뛰어 올라갔어. 결의문 낭독이 끝난 뒤 학생들은 함성을 지르며 우르르 교문 밖으로 나갔지.

"횃불을 밝혀라! 동방의 빛들아!"

"학원의 자유를 달라."

거대한 함성이 거리에 가득 찼어. 경북고 학생들은 경상북도 도청으로 향했어. 도청을 향해 목이 터지라 소리쳤지.

"우리는 정당하다!"

"일요일 등교의 폐습을 시정하라!"

그런데 갑자기 경찰들이 진압에 나서기 시작했어. 무자비하게 곤봉을 휘두르며 군홧발로 학생들을 짓밟았지. 붙잡은 학생들을 닥치는 대로 경찰 버스에 잡아넣었어. 경찰을 피해 달아난 학생들은 다시 모여서 자유당 경북도 당사로 달려갔어. 그곳에서도 경찰은 다시 곤봉을 휘두르며 학생들을 패면서 체포했지.

이날 시위에 참여한 학교는 대구 시내 여덟 개 고등학교였어. 경북고등학교, 대구고등학교, 경북대학교 사대부고, 경북여자고등학교, 대구여자고등학교, 대구농업고등학교, 대구농림고등학교, 대구상업고등학교. 학생들의 시위는 경찰의 탄압에도 시들지 않고 이튿날까지 계속되었어. 비록 경찰의 막강한 무력 앞에 멈춰야 했지만, 민주주의를 향한 열망은 사그라지지 않았지.

전국으로 퍼져 나간 민주화 열기

정의감에 불탄 대구 고등학생들의 모습은 곧 전국에 알려졌어. 그래서 3월 5일에 서울 종로에서 1,000명이 넘는 대학생이 모여 시위를 벌였어. 대학생들은 비를 맞으며 광화문 네거리까지 행진하면서 구호를 외치며 애국가를 불렀어.

"부정선거 배격하자."

"썩은 정치 갈아 보자."

"학생은 총궐기하라."

경찰은 가차 없이 이들을 폭력으로 해산시키고 붙잡아 갔지.

대구 고등학생들의 의거가 신문에 실리자 대전의 학생들 사이에도 분노가 치솟았어. 대전에서 3월 7일에 열릴 예정인 민주당 정견 발표회에 고등학생은 한 명도 참석하지 말라는 지시가 떨어졌어. 3월 8일 고등학생 1,000여 명이 교문을 박차고 거리로 나갔어. 민주당 정견 발표회 장소로 행진하면서 구호를 외쳤지. 3월 10일에는 약 300명의 학생이 조회를 마친 뒤 교문을 나섰어. 비록 경찰에 의해 막혔지만, 자유당과 이승만 정부의 독재에 대한 분노는 막을 수 없었지.

불법 부정선거를 시도하려는 자유당 정부에 저항하는 불꽃은 부산에서도 일어났어. 3월 12일 해동고등학교 학생들은 부산 중심가를 행진하며, "공명선거를 이룩하자"라고 외쳤어. 거리의 많은 시민이 학생들을 응원했어. 14일 낮에도 여섯 개 남녀고등학교 학생들이 시위를 이어 갔어.
"학도는 살아 있다. 민주국가 세우자."
"학원에 강제 선거운동을 하지 말라."
전단을 뿌리면서 시위를 계속하다 경찰 폭력으로 해산당하고 말았지.
이렇듯 대구 2·28민주운동은 그 후에 일어날 3·15 제1차 마산의거, 4·11 제2차 마산의거의 뿌리가 되었어. 그때 학생들이 작성한 결의문을 보면, 그들이 지닌 민주주의 정신이 얼마나 위대하고 단단한지 잘 알 수 있어.

"우리 백만 학도는 지금 이 시각에도 타고르의 시를 잊지 않고 있다. '그 촛불 다시 한번 켜지는 날 너는 동방의 밝은 빛이 되리라.' 큰 꿈을 안고 자라 나가는 우리가 현 성인 사회의 정치 놀음에 일체 관계할 리도 만무하고 학문 습득에 시달려 그런 시간적인 여유도 없다. ……

백만 학도여! 피가 있거든 우리의 신성한 권리를 위하여 서슴지 말고 일어서라. ……

우리는 일치단결하여 피 끓는 학도로서 최후의 일각까지 부여된 권리를 수호하기 위해 싸우련다."

(2·28민주운동 결의문)

3·15부정선거와 김주열

1차 마산의거

대구 2·28민주운동이 4·19혁명의 첫 번째 불꽃이라면, 3·15부정선거로 인한 마산 시민들의 의거는 두 번째 불꽃이라고 말할 수 있어. 그렇다면 3월 15일 치러진 정·부통령 선거가 최초의 부정선거일까? 그전에 치른 선거는 모두 공명정대했을까? 그렇지 않아.

1948년 정부가 수립된 때부터 1960년까지 부정선거는 아주 흔하게 벌어졌어.

시민들에 의해 찢긴 자유당 후보 벽보 부정선거에 성난 사람들은 항의의 뜻으로 자유당 후보의 벽보를 찢기도 했어. (사진·3·15의거기념사업회)

제4대 국회의원 선거 때의 부정

우리나라에서 치른 최초의 근대식 민주 선거는 언제일까? 1948년 5월 10일에 시행한 선거야. 헌법을 제정할 국회를 구성하기 위해 국회의원을 선출했지. 국제연합(UN)의 감시 아래 만 21세 이상 성인 남녀에게 보통·평등·직접·비밀의 원칙에 따라 투표권이 주어졌어. 그때 우리나라 국민은 민주 선거가 뭔지 잘 몰랐어. 일제강점기를 거치면서 민주주의를 배우지 못했거든.

그 후 선거는 계속되었어. 유권자의 의식은 점점 높아졌지만, 권력을 가지려는 사람들은 알게 모르게 부정한 수단을 써서 선거에 이기려고 했지. 돈으로 표를 사는 부정은 흔했어. 글자를 모르는 국민이 많았기 때문에 고무신을 사 준 후보를 찍어 주기도 했지.

3·15부정선거가 있기 2년 전 치른 제4대 국회의원(민의원) 선거는 부정선거의 종합세트였어. 그때의 부정선거를 다룬 신문에 이런 기사가 적혀 있어.

"이번 선기에 도깨비표, 박쥐표, 올빼미표, 나이론표, 피아노표 등이 쏟아졌고 투표와 개표를 감시하여야 할 참관인들은 맷집 노릇을 하지 않아서는 안 되었다는 것을 전 국민이 다 아는 사실이거늘, 국무위원 제현들만은 사상 유례없는 명랑 선거라고 하니 승부는 다 끝났다."

(1958년 5월 18일 《동아일보》)

'도깨비표', '박쥐표', '올빼미표'는 어둠과 관련이 있어. 개표 중에 불을 꺼 버린 다음 표 계산을 바꿔 버리는 거야. 그때 미리 준비한 투표함으로 바꿔치기도 했어. '피아노표'는 두 손가락에 미리 인주를 잔뜩 묻혀 놓았다가 개표 도중 자유당에 반대하는 표에 찍어 무효표로 만드는 거였어. 피아노 건반을 두드리듯 사정없이 찍어 무효표로 만들었지. 그밖에 자유당 표 다발 사이에 무효표를 끼워 넣은 '샌드위치표'가 있었어. 100장 묶음의 위아래에 자유당 지지표를 넣고 가운데 무효표를 넣는 거지.

정말 황당한 부정선거가 있었어. '닭죽표'였는데, 1958년 5월 20일 저녁 한 개표장에서 일어난 일이었지. 개표를 지켜보는 참관인들이 모두 코를 골며 자고, 개표소 뒷마당에서는 투표용지가 불타고 있었어. 사실을 확인해 보니 자유당 쪽에서 야식으로 끓인 닭죽에 수면제를 넣어 참관인들에게 먹였다는 거야. 참 기가 막힌 일이지. 선거에 이기기 위한 자유당의 횡포가 극에 달한 것이야.

이렇듯 제4대 국회의원 선거는 순 엉터리였어. 직접 투표가 아닌 대리투표, 투표함 바꿔치기, 야당 참관인 쫓아내기, 정치 깡패 동원하기 등 수많은 부정이 있었으니까. 결국 크고 작은 부정이 쌓이고 쌓여서 3·15부정선거가 벌어졌다고 할 수 있어.

투표에서 개표까지 모조리 부정

앞에서 말한 최인규 내무부 장관 기억하지? 최인규는 3·15부정선거를 기획하고 실행한 총지휘자야. 그는 4·19혁명으로 이승만 대통령이 물러나고 장면 정부가 들어섰을 때, '부정선거 관련자 처벌법' 위반으로 사형 선고를 받았어. 얼마 뒤 형장의 이슬이 되어 사라졌지.

최인규는 옥중에서 자서전을 썼는데, 이렇게 썼다고 해.
"부정선거 저지르면 본인도 정권도 죽는다."

그런데 정말 그렇게 될 줄 몰라서 부정을 저질렀을까? 알면서도 권력만 잡으면 부귀영화를 누릴 수 있을 거로 생각했겠지.

당시 내무부가 각 지방과 경찰에 보낸 행동 지침을 보면 부정선거를 어떻게 기획했는지 알 수 있어.

첫째는 '4할 사전투표'야. 4할이란 40%를 말해. 선거 날의 자연 기권표와 돈으로 매수하여 기권하게 만든 표 40%를 미리 자유당 표로 만들어 투표함에 넣어 두는 거야. 투표하지 않았는데도 투표함에 투표용지가 담겨 있는 셈이지.

둘째는 '3인조·9인조 공개투표'야. 미리 짜둔 3인조나 9인조가 조장의 확인을 받고 투표해. 자유당 선거위원에게 자유당을 찍었다는 걸 보여준 뒤 표를 투표함에 넣어. 민주 선거의 원칙은 비밀 선거인데 공개투표라니 명백한 불법이지.

셋째는 '완장 부대 활용'이야. 자유당 완장을 찬 사람들을 투표소 주변에 어슬렁거리게 해서 유권자들이 자유당에 표를 찍도록 겁을 주는 거야. '자유당 안 찍으면 큰일 날 줄 알아!' 하는 반협박이지. 넷째는 '야당 참관인 쫓아내기'인데, 민주당 쪽 참관인에게 돈을 줘서 참관을 포기하게 해. 그렇지 못하면 이런저런 구실을 붙여 투표장에서

불타고 남은 투표용지를 가지고 놀고 있는 어린이들 자유당은 부정선거 사실이 알려지자 투표함을 소각하기도 했어. (사진·3·15의거기념사업회)

내쫓는 거지.

그 외에도 유권자에게 뇌물 뿌리기, 깡패 동원해 이승만을 반대하는 유권자 협박하기가 있었어. 가장 기상천외한 방법은 죽은 사람의 이름을 선거인 명부에 올리는 거야. 죽은 사람이 어떻게 투표를 할 수 있겠어. 이런 천인공노할 방법까지 생각해 내다니 기가 막힐 따름이지. 군대에서 하는 선거는 모조리 부정이었어. 군인들은 담당관이 보는 앞에서 투표해야 했기에 전부 자유당 이승만과 이기붕을 찍을 수밖에 없었지.

이렇게 3월 15일 선거는 투표에서 개표까지 치밀하게 독재 정부가 기획한 부정선거였어.

첫 번째 마산의거

드디어 3월 15일 선거 날이 밝았어. 경상남도의 항구 도시인 마산(현재 창원시 마산합포구) 시민들은 이승만 독재 정권을 심판하기 위해 투표장으로 향했어. 마산 시민들은 그 지역 국회의원인 허윤수에 대한 반감이 컸어. 허윤수는 2년 전 선거에서 민주당 후보로 국회의원이 되었다가 2년 뒤 민주당을 나와 자유당으로 가 버렸어. 자신을 찍어 준 마산 시민들을 저버린 무책임하고 부패한 철새 정치인이었지.

일찍이 없었던 공포 분위기 속에서 투표가 시작되었어. 3인조나 9인조에 속한 사람들은 그게 뭔지 모른 채 자기 조를 찾아 헤맸어. 자유당은 계획대로 자기들 표 뭉치를 미리 투표함에 넣었어. 지켜보던 야당 참관인이 낌새를 알아채고 투표함을 열어 보라고 했지. 투표한 지 얼마 되지도 않았는데 투표함에서 자유당 표가 무더기로 나온 거야.

다른 투표소에서는 자유당 사람이 표를 바꿔치기하려고 했어. 그걸 본 야당 참관인이 그 손을 붙들었지. 거의 대놓고 하는 부정선거였기에 민주당은 오전 10시 30분쯤에 이번 선거가 무효라고 선언했어. 참관인을 모두 철수시키면서 선거를 다시 하라고 요구했지. 그러면서 마산 시내 곳곳을 돌며 시민들에게 선거 무효와 재선거를 설득했어.

소식을 듣고 분노한 시민들이 하나둘 모여들기 시작했어. 600명으로 불어난 시위대는 경찰과 대치 상황에 들어갔어. 시위대는 돌을 던지면서 격렬하게 저항했지. 저녁에 되자 시민들은 부정 개표가 진행되는 마산시청 앞으로 모였어. 부정선거이므로 개표 결과도 부정한 것이 뻔했어. 그래서 어떻게든 개표를 막으려고 했던 거야.

하지만 경찰은 가만 있지 않았어. 저녁 8시가 지나자 마산 시내는 정전이 되었고, 그 틈에 경찰은 시민들을 향해 최루탄을 발사하고 총탄을 퍼부었어. 경찰이 발포하자 시민들은 더 분노해서 도망갔다가 다시 모이곤 했어. 밤 열두

마산시 민주당사 앞으로 집결한 마산 시민들 자유당의 부정선거에 분노한 마산 시민들은 관공서와 경찰서, 자유당사를 습격하며 밤늦게까지 시위를 벌였어. (사진·3·15의거기념사업회)

시가 다 될 때까지 관공서와 경찰서, 자유당사를 습격하며 저항했어.

그 과정에서 9명이 목숨을 잃고 80여 명이 다쳤어. 희생된 9명은 모두 청소년과 청년이었지. 그들 중에는 구두닦이로 열심히 살아가던 스무 살 오성원이 있어. 구두에 반짝반짝 광을 내던 오성원은 부정선거로 얼룩진 우리 사회를 올바른 민주 사회로 세우기 위해 목숨을 바친 거야.

시민을 살려야 할 경찰이 시민을 죽인 그날의 사건은 시위대가 흩어지면서 끝이 났어. 투표 결과 이승만은 대통령, 이기붕은 부통령에 당선되었지. 일부 지역의 이기붕 득표율은 놀랍게도 115%였어. 투표한 사람 모두가 이기붕을 찍었더라도 100%일 텐데 말이야.

선거가 끝난 뒤 이승만은 마산 의거를 공산당의 사주를 받아 벌인 시위라고 했어. 이기붕은 "총은 쏘라고 줬지, 갖고 놀라고 준 게 아니다"라는 말을 서슴없이 내뱉었지. 이런 망언 탓에 독재 정권에 대한 시민들의 분노는 가라앉을 수가 없었어.

행방불명된 고등학생

첫 번째 마산 의거가 잦아든 며칠 후, 한 어머니가 마산 시내를 돌며 자기 아들을 애타게 찾아다녔어. 어머니의 이름은 권찬주이고, 아들의 이름은 '김주열'이었지.

김주열은 전라북도 남원의 부잣집에서 태어났어. 중학교를 졸업한 뒤 아버지의 병이 깊어지자 집안이 기울기 시작했어. 김주열은 무너져 가는 집안을 살리기 위해 은행원이 되고자 집에서 멀리 떨어진 마산상업고등학교에 입학원서를 냈어.

남원에서 살던 김주열이 마산에 오게 된 것은 합격통지서를 받아 가기 위해서였지. 원래 3월 14일에 합격자 발표가 예정되어 있었는데, 교육청이 3월 15일 선거를 앞두고 사람들이 몰리는 것을 막고자 발표를 3월 16일로 미뤄 버렸던 거야.

김주열은 시험에 합격했다는 걸 선배를 통해 확인했어. 하지만 집이 멀어서 돌아가지 못했지. 그러다 마산에서 부정선거가 들통나자 시민들이 들고일어났고, 김주열은 형 김광렬과 함께 시위에 동참하게 되었지. 3월 15일 밤, 최루탄과 총탄이 난무하는 지옥 같은 상황에서 김주열의 형은 동생의 손을 놓치고 말았어. 그 후 동생은 흔적도 없이 사라졌어.

아들의 실종 소식을 들은 어머니는 20일 넘게 마산 곳곳을 돌아다니며 만나는 사람마다 아들을 못 보았냐고 물었어. 방송사와 신문사에도 찾아가 아들의 실종을 알리면서 꼭 찾아 달라고 눈물로 호소했어. 마산 시내에서 김주열을 모르는 사람이 거의 없을 정도로 찾아다녔어. 누군가 경남도청 앞 저수지에 김주열의 시신이 버려졌다고 말했어. 저수지에 담긴 물을 다 퍼냈어도 김주열을 끝내 찾을 수 없었어.

어머니는 눈물을 머금고 고향으로 돌아갈 수밖에 없었어. 병을 앓고 있는 남편이 위중하다는 편지를 받았기 때문이야. 아들의 시신조차 찾을 수 없던 어머니의 심정은 어땠을까? 하늘이 무너진 것 같은 깊은 절망감에 빠지지 않

있을까?

최루탄이 박힌 채 떠오른 김주열

 어머니가 집으로 돌아간 날은 4월 11일이었어. 그런데 그날 11시쯤에 한 시신이 마산시 신포동 중앙부두 앞바다 위로 떠올랐어. 낚시하던 한 어부의 갈고리에 시신이 걸린 것이었어. 부두에 있던 사람들이 몰려들었어. 그 시신은 그냥 물에 빠진 사람의 모습이 아니었어. 눈에 팔뚝만 한 최루탄이 박힌 너무나 참혹한 얼굴이었지. 사람들은 시신이 누군지 단박에 알아차렸어. 어머니 권찬주가 그토록 찾아 헤매던 소중한 아들 김주열이었지.
 김주열은 두 주먹을 불끈 쥐고 있었어. 고개를 꼿꼿이 든 채 앞을 바라보고 있었지. 그 모습을 사진기로 찍은 사람은 부산일보의 허종 기자였어. 허 기자 또한 다른 기자들과 마찬가지로 김주열 실종 사건에 관심을 두고 있었어. 가방을 든 채 마산 시내를 헤매면서 "주열아, 주열아!" 목

실종 한 달여 만인 4월 11일 마산 앞바다에서 시신으로 발견된 김주열의 소식을 전하는 신문기사 고등학교 합격통지서를 받기 위해 마산에 갔던 김주열은 부정선거에 항의하는 시위에 참여했다가 최루탄이 얼굴에 박힌 참혹한 모습으로 발견되었어.

놓아 외치던 어머니의 목소리를 잊지 않고 있었지.

김주열이 실종된 지 27일이 지난 4월 11일, 허 기자는 시민의 제보를 받고 부리나케 중앙부두로 달려갔어. 옷 속에 사진기를 숨겨 둔 채 말이야. 당시는 시위 현장에서 사진기를 들고만 있어도 경찰에 강제 연행되던 때라 그럴 수밖에 없었어. 바닷물 위로 떠오른 김주열을 보자마자 허 기자는 셔터를 눌렀어. 허 기자는 사진기자가 아니었지만, 그가 찍은 사진은 다음날 부산일보에 기사와 함께 특종으로 실렸지.

김주열은 분명히 죽임을 당한 거였어. 최루탄이 얼굴에 박혀 있으니 경찰이 쏜 최루탄에 목숨을 잃은 게 틀림없었지. 그것도 모자라 누군가가 시신을 바다에 던져 아무 일 없던 것처럼 한 거야. 그런 흉악한 범죄를 저지른 사람은 누구였을까? 누가 꽃다운 나이의 학생을 죽이고 시신마저 감추려고 했을까?

범인은 바로 마산경찰서 경비주임 박종표였어. 박종표는 일제강점기에 일본 헌병대에서 일했어. 독립운동가를 잔혹

하게 고문하던 친일 헌병 보조원이었지. 광복 후 그는 반민족행위특별조사위원회(반민특위)에 체포되었어. 악랄한 친일 행각 때문이었지. 하지만 이승만 정부가 반민특위를 강제로 해산하면서 어이없게도 무죄로 풀려났어. 민족 반역자였던 그는 다시 경찰이 되었어. 시민을 보호해야 할 경찰이 아니라 시민을 때려잡는 경찰로 말이야.

3월 15일 밤, 박종표는 동료 경찰관에게서 최루탄이 눈에 박힌 참혹한 시신을 발견했다는 연락을 받아. 곧장 경찰서장에게 보고했는데, 서장은 적당히 알아서 처리하라고 지시했어. 박종표는 순경, 운전사와 함께 시신을 차에 싣고 바닷가로 갔어. 시신에 돌덩이 여섯 개를 매달고 바다에 던져 버렸지. 그는 이런 사실을 4월 19일에 자백했어. 자신이 시민들을 향해 총을 쏘라고 지시했고, 김주열의 시신을 유기했다고 말이야.

박종표는 4·19혁명 후 설치된 혁명재판소에서 사형 선고를 받지만, 무기징역으로 감형받아. 그런 뒤 박정희 군사독재 정부에서 7년 형으로 다시 감형받게 돼. 무고한 시민을 죽이고 주검을 버린 범죄자가 7년만 감옥살이하고 감옥 밖으로 나온다는 게 믿어져?

경찰은 김주열의 시신이 발견되었는데도 진상을 덮으려고만 했어. 시신이 안치된 도립마산병원을 철통같이 막았지. 이에 어머니는 "주열이 시신을 이기붕 집 마당으로 가져다 묻겠다"라며 울분을 토했어. 경찰은 병원에서 김주열의 시신을 야밤에 몰래 빼내 남원의 선산으로 옮겼어. 그곳에서 가족조차 못 보게 막고 매장하는 만행을 저질렀어.

그렇지만 김주열의 희생은 단순한 죽음으로 그치지 않았어. 4·19혁명의 거대한 물결이 드디어 시작된 거야.

김주열을 살려내라

2차 마산의거

　김주열의 처참한 시신을 본 시민들은 어땠을까? 화가 머리끝까지 치솟았을 거야. 마음속에 가득 찬 울분을 토해 내지 않을 수 없었을 거야. 시민들은 김주열의 시신이 안치된 도립병원으로 달려갔어. 학생들뿐 아니라 나이 든 사람들도 모여들었어. 어른 중에는 놀랍게도 어머니가 많았어.
　"주열이를 살려내라."
　"죽은 자식 내놓아라."
　"나도 죽여 달라."

처절한 분노의 함성이 울려 퍼졌지. 자식 잃은 어머니의 아픔에 모두 절실히 공감했어. 게다가 내 자식도 저렇게 죽임을 당할 수 있으니 어미로서 자식을 지켜야 한다는 보호 본능도 있었던 거야.

정권 타도로 번진 두 번째 마산의거

오후 5시쯤 병원 문이 열렸어. 시민들은 곧장 시신 안치소로 달려가 그곳을 점거했어. 김주열의 시신을 앞세우고 시가행진을 하려다가 뜻을 이루지 못했지. 모여든 시민들은 다시 거리로 나섰어. 3,000명이나 되는 시위대는 파출소, 자유당 당사, 마산시청, 소방서를 습격했어. 마산경찰서 앞에 모인 시민은 6,000명에 이르렀지.

경찰은 어떻게 했을까? 첫 번째 마산의거 때처럼 또 시민을 향해 총을 쏘았을까? 불행하게도 경찰은 다시 발포 명령을 내렸어. 밤 9시 10분, 마산경찰서 앞에서 불꽃이 뿜어져 나왔어. 철공소 직공이던 열일곱 살 김영길이 그 자리에서 목숨을 잃었어. 대여섯 사람은 총탄을 맞아 상처를 입었지.

경찰의 발포로 시위대는 흩어졌다가 다시 모였어. 약 4만 명의 시민들이 한데 모이게 되었지.

"학살 경관 처벌하라."

"이승만 정권 물러가라."

"이기붕을 죽여라."

'이승만 정권 물러가라'는 구호는 첫 번째 마산의거 때는 나오지 않았어. 그때는 부정선거를 비판하고 재선거를 요구했지, 이승만 대통령을 직접 겨냥하지는 않았어. '민족의 태양'으로 떠받들어야 했던 이승만을 감히 건드릴 수 없었거든. 하지만 김주열의 죽음을 보고 시민들은 깨닫기 시작했어. 독재 정권을 무너뜨리지 않는 한 제2의 김주열, 제3의 김주열은 계속 생겨날 거라고 말이야.

4월 12일, 동이 트자 마산 시민들은 다시 거리로 모여들었어. 낮에는 학생들이 시위를 주도했어. 3,000명에 가까

김주열의 사망을 애도하며 가두시위를 하는 여고생들 김주열의 죽음으로 벌어진 2차 마산의거는 더 많은 시민과 학생들의 참여 속에 정권 타도로까지 번져 갔어. (사진·경향신문)

운 고등학생들은 '민주주의 바로잡자'라고 쓰인 현수막을 앞세우고 거리를 행진했어. 그걸 본 시민들은 시위대에 합류하거나 박수를 보냈어. 전날의 격분은 많이 가라앉았어. 그러면서 시민의 권리를 당당하게 주장한 거야.

하지만 경찰은 시위를 주도한 학생과 시민을 샅샅이 뒤져서 찾아내기 시작했어. 시민들은 다시 격분했어. 저녁 7시 통행금지 사이렌이 울리자 시민들은 다시 거리로 쏟아져 나왔어. 파출소를 급습하고 돌을 던지는 등 시위가 격렬해졌지. 경찰은 공포탄과 물대포로 시위대를 진압했어.

다음 날인 4월 13일에도 시위는 계속되었어. 경찰은 소방차를 이용해서 붉은 물감을 탄 물을 뿌리고 최루탄을 쏘았어.

등교 금지령 속 학생들의 시위

두 번째 마산의거는 고등학생들이 주도했어. 그러나 학생뿐 아니라 가정형편 때문에 학교에 가지 못한 '일하는 청소년'들도 함께했어. 한마디로 민주주의에 눈뜬 10대 청소년이 민주주의를 바로 세우기 위해 앞장선 거야.

4월 12일 시위가 격화하자 정부는 등교 금지령(임시 휴교령)을 내렸어. 학생들이 학교에 모이는 것을 막으려고 한 거야. 그래도 학생들은 모였어.

4월 14일 경남 진주의 진양고등학교 학생들은 소풍 간다고 하면서 시위를 계획했지만, 경찰에 진압되고 말았어.

4월 16일에 진주농림고등학교 학생들도 시내 시위를 계획했지만, 경찰에 막혀 교문 밖으로 나올 수 없었어. 분을 참지 못한 학생들은 교실 창문을 깨부수며 거세게 저항했지.

4월 15일 부산의 동래고등학교 학생 1,000여 명은 시위에 나서려다가 경찰에 발각되고 말았어. 하지만 사흘 후 다시 시위에 나서서 교문을 뚫고 시내로 나갈 수 있었어. 시내에 다다르자 다른 학교 학생들도 함께했지. 동래고등학교 학생들은 이렇게 외쳤어.

"경찰은 신성한 학원에 간섭 말라."

"김주열 군과 김영길 군을 참살한 자를 속히 처단하라."

"마산 사건 이후 행방불명자의 행방을 조속한 시일 내에 밝혀라."

"평화적인 시위는 우리들의 자유다."

학생들의 요구는 정당하고 의로웠어.

청주의 고등학생들도 시위에 나섰어. 4월 16일에 청주공업고등학교 학생 300여 명이 청주역에 모였어.

'불법 선거 무효다', '경찰의 만행을 쳐부수자'라고 쓰인 전단을 뿌리며 시위를 벌였어.

4월 18일에 청주공고 학생들은 청주상업고등학교로 들어갔고, 청주상고 학생들은 청주여자상업고등학교로 들어갔어. 청주여상 학생들도 시위 대열에 함께했지. 시내에 들어선 학생들은 경찰과 대치하면서 소리 높였어.

"정부는 마산 학생 사건에 책임져라."

청주 시내의 더 많은 학생과 시민들이 시위에 동참했어. 경찰은 시위대를 향해 총을 쏘지 않았지만, 무자비하게 진압하여 학생 80여 명을 붙잡아갔어.

이처럼 학생들은 정권의 폭압에 굴하지 않았어. 모이지 못하게 막아도 끝끝내 모여서 당당하게 주장했어. 첫 번째 마산의거와 달리 학교와 학교가 서로 연합하여 한데 뭉치는 모습을 보였지. 첫 번째 의거 때보다 죽은 사람은 적었지만, 경찰에 잡혀간 사람은 1,000명이 넘었어.

이런 고등학생들의 의로운 항쟁은 서울의 대학생들에게 영향을 미쳤어. '동생들이 목숨 걸고 싸우는데 우리가 가만 있을 수는 없다'라고 하면서 움직이게 된 거야.

이승만의 특별 담화와 정부의 대응

이승만 정부는 두 번째 마산의거를 어떻게 생각했을까? 정상적인 정부라면 사건을 낱낱이 조사하고, 김주열 등을 죽인 자들을 잡아들이고, 국민에게 사과할 거야. 하지만 이승만 정부는 독재 정권이기 때문에 절대 그렇게 하지 않았어.

4월 12일에 내무부 장관 홍진기는 국회의원의 질문에 이렇게 답했어.

"마산은 조봉암 표가 제일 많이 나온 곳이고, 공산당원이 많았던 곳이며, 남해안의 밀수 근거지이다. 공산당의 사주가 있지 않았나 추측하는 것은 근거가 없지 않다."

당시는 6·25전쟁이 끝난 지 7년밖에 지나지 않았으므로 북한에 대한 적개심이 매우 컸어. 그래서 마산 의거를 공산당의 사주를 받아 일으킨 공산 폭동으로 몰아버린 거야. 하지만 시위에 나선 학생들이 북한을 따르는 세력일까? 정말 폭동을 일으켜 남한을 공산화하려고 한 걸까? 마산 시민들이 독재 정권에 항거한 까닭은 정부와 자유당이 벌인 부정선거 때문이야. 부당한 방법으로 권력을 차지하려고 한 독재 정권에 분노한 거지. 더욱이 정당한 요구를 하는 시민들에게 총구를 들이댔잖아. 그렇다면 누구라도 시위에 나서서 독재 정권을 비판할 수밖에 없어.

경상남도 도지사인 신도성은 이렇게 말했어.
"2차 데모는 선거 뒤에 으레 있을 수 있는 흥분 때문에 일어난 1차 데모와는 성격이 다르다."
두 번째 마산의거에 어떤 음모가 있었다고 본 거야.
새로운 치안국장으로 임명된 조인구는 "불순 세력의 편승이 엿보이며 시위 주모자를 색출할 것"이라고 말했어. 무조건 시민들을 불순 세력으로 몰고, 시위가 확산하지 않도록 시민들을 잡아 가두려는 것이었지.
그런데 첫 번째 마산의거 때 경찰은 더 심한 짓을 했어.

최루탄과 소총으로 무장하고 시위대 진압에 나선 경찰 부정선거와 김주열의 죽음 때문에 일어난 마산의거에 대해 정부는 잘못을 인정하지 않고 오히려 시민들을 불순 세력으로 몰며 무자비하게 탄압하려고만 했어. (사진·3·15의거기념사업회)

총에 맞아 숨진 세 젊은이의 호주머니에 괴상한 글이 적힌 쪽지를 넣은 거야.

'인민공화국 만세'

'이승만 죽여라'

시위에 나선 시민을 어떻게든 빨갱이로 몰려고 한 거야. 이런 파렴치한 짓을 아무렇지도 않게 했다는 점이 진짜 소름 끼쳐. 어떻게든 시민의 항거를 폭동으로 몰아 발포를 정당화하려고 한 거지.

두 번째 마산의거가 일어나자 이승만 대통령은 두 차례나 특별 담화를 발표했어.

4월 13일에 "이 난동에는 뒤에 공산당이 있다는 혐의도 있어서 조사 중"이라고 말했어.

그래서 특무대장, 검찰 책임자, 치안국장이 참여하는 비상기구를 만들었어. 어떤 불순한 세력이 뒤에서 시민들을 조종한 게 아닌가 의심한 거야. 죄 없는 시민들에게 죄를 뒤집어씌우려고 한 셈이지. 이승만의 두 번째 특별 담화에는 '공산당'이라는 말이 아홉 번이나 나와.

"마산에서 일어난 폭동은 공산당이 들어와 뒤에서 조종한 혐의가 있다"라고 말했어.

담화문 어느 곳에도 김주열을 비롯한 시민의 죽음에 책임감을 느낀다거나 정부의 잘못을 반성하는 내용이 전혀 없어. 국민을 귀하게 여기는 마음이나 인권 따위는 눈곱만큼도 찾을 수 없었지.

이승만은 자신에게 털끝만 한 잘못도 없다고 생각했어. 모두 국민이 잘못한 거였어. 이승만의 눈에 국민은 어리석은 백성으로 보였을 거야. 국민이 자신을 어떻게 생각하는지 고민한 것 같지도 않아. 국민의 분노가 어느 정도인지, 부정선거가 얼마나 잘못된 일인지, 총으로 무고한 시민을 죽인 일이 얼마나 큰 문제인지 몰랐던 거야. 그저 시간이 지나면 국민의 분노가 사라질 거로 기대했을지 몰라. 중요한 건 자신이 독재자라는 걸 깨닫지 못한 거야. 국민이 민주 공화국의 주인이란 걸 잊은 것일 수도 있어.

경찰을 동원한 무시무시한 탄압으로 정권이 유지될 수 있을까? 정말 이승만의 바람대로 시간이 흐르면 사태가 진정될까? 그러나 '사필귀정'이라고, 어떤 일이든 반드시 올바른 방향으로 가게 되어 있어. 두 번째 마산의거가 끝났을 때까지도 이승만은 그 사실을 몰랐던 거야. 눈을 부릅뜨고 불의에 저항한 수많은 시민의 손가락이 자신을 가리키고 있다는 것을.

4월 19일 피의 화요일

고려대학교 학생들의 4·18 선언문 발표

3·15부정선거와 마산에서 일어난 시위로 전국의 학생들이 술렁였어. 고려대학교 학생들도 마찬가지였지. 고려대 총학생회에서는 이승만 독재를 끝내고 부정선거의 부당함을 알리기 위해 4월 16일 신입생 환영회 때 시위를 하려고 준비했어. 그런데 이를 눈치챈 사복경찰들이 학교에서 잠복하면서 학생들의 움직임을 감시했지. 학생회 간부들은 신입생 환영회를 18일로 연기했어.

점심시간 사이렌이 울리는 걸 신호로 집회를 시작하기로

했는데, 학교에서 사이렌 소리를 막았어. 학생들은 "인촌 동상 앞으로"라고 소리쳤고 순식간에 몇천 명이 모였지.

학생들은 '고대'라는 글씨가 쓰여 있는 수건을 머리에 감고 함성을 질렀어. 그동안 참았던 울분이 한꺼번에 터져 나온 거지. 그건 부정선거를 최루탄으로 덮으려는 독재 정권에 대한 분노였고, 흔들리는 민주주의를 반듯하게 세우기 위한 열망의 외침이었어.

그때 운영위원단장이 《고대신문》 편집장이 작성한 선언문을 읽었어. 그리고 함께 구호를 외쳤지.

"기성세대는 자성하라."
"마산 사건의 책임자를 즉시 처단하라."
"경찰의 학원 출입을 엄금하라."
"오늘의 평화적 시위를 방해치 마라."

교문을 나온 고대 학생들은 국회의사당으로 향했어. 경찰은 곤봉을 휘두르기도 하고 차로 가로막으며 학생들의 진출을 막았지. 학생들은 돌을 던지며 맞서고 스크럼을 짜고 계속 앞으로 나아갔어.

종로 3가 단성사 앞에서 경찰관 몇백 명이 길을 막았어. 그 뒤로는 경찰차가 겹겹이 늘어서 있었지. 학생들이 저지선을 뚫으려고 하자 경찰은 방망이로 때리면서 시위대를 막았어.

화신백화점 앞에서 경찰이 시내버스, 경찰차, 소방차로 길을 차단하고, 발로 차고 방망이로 때리면서 학생들을 강제로 지프차로 끌고 갔지. 남은 학생들은 화신백화점 건너편에 주저앉아 붉은 피가 묻은 손수건을 흔들며 구호를 외쳤어. 이를 지켜보던 시민들은 손뼉을 쳤고 양동이에 물을 떠서 갖다주는 사람도 있었지.

그런데 갑자기 종로 3가 쪽에서 학생 500여 명이 몰려왔어. 고려대학생들은 이들과 함께 경찰의 포위를 뚫고 광화문 쪽으로 나아갔지. 고등학교 학생들을 포함한 사람들이 행렬에 동참해서 태평로 국회의사당 앞에는 1,200여 명 정도의 사람들이 모였어.

시위대는 잡혀간 학생들을 즉시 석방하고 폭행 경찰관을 처단하라고 내무부 장관에게 요구했지. 그리고 정부에 다음 네 가지를 건의하기로 결의했어.

1. 대학의 자유를 보장하라.
2. 무능 정치, 부패 정치, 야만 정치, 독재정치, 몽둥이 정치, 살인 정치를 집어치우라.
3. 진짜 민주정치를 실천하라.
4. 우리나라를 세계적 후진국가로 만들지 말라.

행정부의 책임자가 나올 때까지 계속 농성한다며 시위대가 버티고 있는데 유진오 고려대 총장과 10여 명의 교수가 시위장에 온 거야. 총장은 학생들의 안전을 위해 해산하라고 설득했지만, 학생들은 경찰에 끌려간 학생들을 이 자리에 데려오라며 해산할 수 없다고 버텼어. 결국 유진오 총장은 연행된 학생들을 데리러 자리를 떴지.

오후 5시 30분쯤 되돌아온 유진오 총장이 "종로경찰서에 잡혀간 학생들이 지금 풀려났다"라며 어두워지기 전에 집으로 돌아가라고 말했어. 또 고려대 선배인 민주당 이철승 의원도 "독재자와의 투쟁은 하루아침에 끝나는 것이 아니다. 지난 5천 년 동안 인류는 투쟁을 해왔다. 오늘의 투쟁은 내일도 이어질 것이니 질서를 지키며 학교로 돌아가 해산하라"고 설득했지.

이철승 의원의 말처럼 부정선거를 저질러서라도 권력을 끝까지 쥐려 했던 독재 정권이 어떻게 한순간에 무너질 수 있겠니? 고려대 학생 대표는 서울시 경찰국장과 협상을 통해 경찰이 제공하는 차량을 이용하지 않고 평화적으로 학교로 돌아가겠다고 약속했어. 시위대는 애국가와 교가를 부른 뒤 "대한민국 만세", "고대 만세"를 외치고 학교를 향해 나아갔지.

정치 깡패의 고려대학교 학생 습격 사건

고려대학교 학생 시위대의 선두가 을지로 4가를 지나는

데 앞서 길을 인도하던 차가 종로 4가 쪽으로 방향을 틀었어. 시위대도 그 뒤를 따라 종로 쪽으로 갔지.

그런데 천일백화점 앞에서 갑자기 100여 명의 깡패가 벽돌과 부삽, 몽둥이, 쇠뭉치, 갈고리를 들고 학생들을 두들겨 팼어. 학생들은 머리에 피를 흘리며 쓰러졌고, 기자들도 폭행을 당했지. 뒤따라오던 학생들이 밀려오면서 학생과 깡패들의 싸움이 시작되었어. 평화롭던 시위가 순식간에 피를 흘리며 싸우는 폭력의 장으로 바뀌어 버린 거야. 결국 10여 명의 학생들이 크게 다쳤어.

시위대를 공격한 이들은 정치깡패 임화수가 단장으로 있는 대한반공청년단 종로구단 특별단부 소속 깡패들이었어. 대한반공청년단은 1960년 자유당이 3·15 정·부통령 선거에서 이길 목적으로 만든 단체야. 그들은 야당의 집회를 방해하고, 자유당에 반대하는 사람들을 위협하며 폭력으로 굴복시켰어. 자유당은 독재 정권 유지에 걸림돌이 되는 사람들을 이들을 통해 제거했지. 임화수는 또 다른 정치깡패인 이정재가 내놓은 동대문 상인연합회 회장을 맡았고, 대

깡패들의 무자비한 습격에 쓰러진 고려대학교 학생들 4월 18일 평화시위 후 학교로 돌아가던 고려대학교 학생들이 종로 4가에서 갈고리와 몽둥이로 무장한 정치 깡패들의 습격을 받았어. (사진·3·15의거기념사업회)

한반공청년단 종로구단 책임자가 되어 고려대학교 학생을 습격하라고 지시한 거야.

여러 명이 다쳤지만, 시위대는 다시 고려대로 돌아왔고 해산했지.

4월 19일, 전국의 학생과 시민 일어나다

4월 19일에는 3·15부정선거의 부당함과 김주열 사망에 대한 분노를 표출하는 시위가 전국에서 일어났어. 깡패들이 고려대학교 학생들을 습격했다는 소식은 불난 데 기름을 부은 격이었지. 이날 벌어진 시위는 모인 사람들의 수나 강도가 가장 크고 격렬해서 4월 혁명의 정점이라 할 수 있어.

서울에서는 대광고등학교 학생들이 시작이었지. 학생회 임원들이 4월 18일 고려대학교 학생들이 시위하다가 경찰에게 당하는 모습을 보고 밤새워 시위 계획을 짰어. 학생들은 오전 8시 30분에 국회의사당을 향해 나섰다가 경찰과 반공청년단의 방망이에 맞고 경찰서로 잡혀갔어. 그날 오후에 남아 있던 1,000명 가까운 대광고 학생들은 다시 거리로 나섰지.

서울대학교 의대와 약대 학생들도 "대한민국은 민주공화국이다"라고 외치면서 시위에 나섰어. 중앙대학교 학생도 "부정선거 다시 하자", "김주열 군의 사인을 밝혀라", "마산 학생 석방하라"라고 외치며 한강을 건넜지. 대광고등학교 학생들이 경찰에 쫓기는 것을 본 고려대학교 학생들도 시위에 참여했어. 경찰은 이들을 향해 최루탄을 쏘고 소방차로 붉은 물을 뿌렸지.

시위대는 모두 네 갈래로 나뉘었는데 경무대(청와대의 옛 이름), 대법원, 이기붕 집, 내무부였어. 그중에서 경무대로 향한 시위대는 돌을 던지며 경찰과 맞섰어. 그런데 통의동 파출소에서 나온 경위가 학생들을 향해 권총을 쏘았어. 한 학생이 피를 흘리며 쓰러졌지. 그걸 본 시위 학생들은 악착같이 경찰에게 달려들고 돌을 던졌어. 경찰은 최루탄을 발사했고, 화가 난 학생들은 통의동 파출소를 점거하고 기물을 부수었어.

경무대 앞에서 경찰의 발포로 쓰러진 시위대 4월 19일 오후 1시 40분경 경무대 입구에서 경찰의 무자비한 소총 발사가 시작됐어. 이에 놀란 시위대가 몸을 낮춘 채 황급히 사방으로 흩어지고 있어. (사진·3·15의거기념사업회)

오후 1시 30분쯤 일부 학생들이 경무대 입구 경찰초소에 닿았어. 그 뒤를 따라온 시위대도 경복궁 뒷문에 도착했는데 그곳에서는 경무대 정문이 보였지. 그런데 갑자기 경무대 입구에 있던 경비 경찰이 시위대를 향해 일제히 총을 쏘기 시작했어. 이어서 경찰들도 가세했지. 국민의 안전을 책임져야 하는 경찰이 국민을 향해 총부리를 겨누는 거야. 총을 맞은 학생 중 일부는 총상을 입고 사망했고, 많은 사람이 중상을 입었지.

총을 든 경찰들은 숨어 있는 학생들을 찾으려고 근처의 집을 뒤졌지. 경찰은 발견한 학생을 질질 끌고 나오면서 두들겨 팼어.

300여 명의 여학생을 포함한 연세대 학생들이 이대생 수십 명과 함께 시위했어. 그런데 원남동 로터리를 지나 경무대 입구에서 경찰이 사격했다는 소식을 들었지. 시위대가 광화문으로 향하는데 맞은편 아파트에서 총알이 날아왔어. 상처를 입은 학생과 기절한 학생이 많아지자 질서를 지키며 신촌으로 돌아왔지.

성균관대학교 학생들은 이기붕의 집으로 향했어. 그곳에는 경찰과 고려대학생들을 습격했던 깡패 유자광의 부하도 함께 경비를 서고 있었지. 시위대는 이기붕 집 가기 전에 있는 송월동 로터리에서 경찰과 부딪혔어. 학생들은 돌을 던져 대항했고 총소리에도 물러서지 않았지.

서대문에는 5, 6천 명의 대학생들과 중고등학교 학생들이 몰려들었어. 교통은 차단되고 경찰이 쏜 총소리가 요란했지. 사상자가 여러 명 나오자 시위대는 물러났어.

부산에서는 19일 오전에 부산상업고등학교와 경남공업고등학교 학생들이 평화적으로 시위를 했어. 낮에는 부산의 데레사여중고 학생들이 시위하는 도중에 총에 맞았어. 그 모습을 본 시민들이 시위에 참여했지. 경찰이 쏜 총에 경남공고 학생이 그 자리에서 죽고 여러 명이 중상을 입었어. 부산진경찰서 앞 로터리에서도 사망자가 여럿 있었고, 수십 명의 부상자가 생겼어. 경찰은 기관총과 수류탄까지 들고 나섰고, 사람들은 피투성이가 되어 쓰러졌어. 시위대는 흩어졌고 중무장한 군인과 탱크가 시내를 돌아다녔지.

광주고등학교 학생들은 고려대학교 학생들의 시위에 관한 기사를 보고 시위를 계획했어. 4월 19일 오전에 교문을 무너뜨린 학생들은 "3·15 선거는 무효다"라고 외치며 경양방죽(저수지)과 시내 쪽으로 나갔지. 경찰에 제지를 당하자 일부 학생들이 광주제일고등학교와 전남여자고등학교, 광주여자고등학교, 광주공업고등학교, 광주상업고등학교 앞으로 달려가면서 "때를 놓치지 말고 나오라"라고 소리쳤어.

광주여자고등학교 학생들은 선생님이 만류하는 걸 뿌리치고 시내로 나왔어. 광주고등학교 학생들도 잡혀갔던 학생들이 풀려나자 전교생이 시내로 향했지. 광주상고 학생들도 이들과 함께했어. 조선대부속고등학교, 광주공고 학생들도 마찬가지였지. 광주일고, 사레지오고등학교, 수피아여자고등학교, 광주사범대학부속 고등학교 일부 학생들도 시위에 참여했지.

시위대는 충장로, 금남로에 있는 자유당 당사와 충장로, 월산동, 유문동, 계림동 파출소를 습격했어. 이들이 이승

시위에 참여하기 위해 시내를 가득 메운 시민들 모습 경찰 발포 소식을 들은 시민들이 시위대에 더욱 많이 참여하면서 시위는 전국적으로 번져 갔어. (사진·경향신문)

만 정권의 집권을 돕는 꼭두각시라는 생각 때문이었지.

막아서는 경찰을 뚫고 광주학생독립운동 기념탑에 도착한 시위대는 "광주 학생 만세"를 외쳤어. 독립을 위해 들고 일어섰던 선배들의 행동을 민주화를 이루기 위한 항쟁으로 이어 가겠다는 의미였지.

저녁이 되자 역전광장에는 또 다른 시위대가 생겼어. 어린 사레지오중학교 학생들과 조선대부속고등학교, 광주농업고등학교 학생 등 여러 학교 학생이 모였어. 이들이 학동 파출소에 돌을 던진 순간, 한 학생이 총에 맞아 쓰러졌어. 광주 최초의 4·19혁명 희생자가 생긴 거야.

밤이 되면서 시위대는 광주경찰서로 향했어. "광주 학생의 피는 끓고 있다", "선량한 민주의 사도, 연행 학생 즉시 석방하라"라고 외치는 시위대를 경찰은 최루탄과 공포탄을 쏘며 막았지. 전진과 후퇴를 반복하던 그때 경찰이 일제히 시위대에게 총을 쏘았어. 중학교 학생이 그 자리에서 죽었고, 많은 학생과 시민이 총상을 입었지.

다음 날 전남대생과 광주농고생 시위대가 충장로 4가 입구까지 나갔지만, 장갑차를 밀고 오는 계엄군에 밀려 해산하고 말았어.

대구에서는 경북대학교 학생들이 교문을 나섰어. 학생들은 "부정선거 다시 하자", "마산 학생 사건 규명하라", "폭행 경찰관 물러가라", "3인조, 9인조 반대한다", "학생은 살아있다, 시민은 안심하라"라고 외쳤지. 이들은 도청에서 농성하면서 도지사 나오라고 요구했어. 도지사가 나와서 5개 도시에 계엄령이 선포된 것을 말하고 질서정연하게 시위해 달라고 했지. 학생들이 '3인조, 9인조'에 대한 해명을 요구하자 그는 모르는 일이라고 대답했어. 또 마산 사건 고문 경찰관에 대한 조치를 묻자 권한 밖의 일이라고 말했지. 학생들은 마산에서 경찰에 잡혔던 학생들이 모두 석방되었다는 말을 듣고 도청을 떠났어.

그날 밤 대구의 청구대학 야간부 대학생들도 시위했어. 경찰에 포위된 상태로 "민주주의를 살리자"라고 외치면서 도지사 관사 앞에서 농성을 벌였어. 시위대는 다시 도청으로 향했어. 통금시간이 되자 경찰은 시위대를 향해 최루탄을 발사했어. 시위대는 학교로 돌아가 잡혀간 학생들을 풀어 달라고 요구했지. 잡혀갔던 학생들이 풀려나자 시위대는 해산했어.

서울에서 4월 18일과 4월 19일에 있었던 시위를 알게 된 전북대학교 덕진동 캠퍼스 학생들은 4월 20일에 학교에서 휴교령이 내렸으니 집으로 돌아가라고 하자 교문을 나섰어. 전주경찰서 서장은 바리케이드를 치고 총을 쏘겠다고 위협했어. 학생들은 집으로 돌아갈 자유까지 억압하느냐며 소리쳤지. 경찰은 강제로 학생들을 버스에 태워 데리고 갔어. 전주공업고등학교 학생들도 "오늘의 평화적 시위를 방해하지 말아라", "우리의 주권을 찾자", "협잡 선거 물리쳐라"라고 외치며 시위에 나섰어. 학생들은 역전에서, 무장한 경찰관과 몸싸움을 벌이다가 붙잡혔지.

이리에서도 20일 남성중고등학교 학생들이 시위를 벌였고, 전북대 이리 캠퍼스의 농대와 공대 학생들도 학원의 자유를 달라며 시위했어. 전북대 학생들과 남성중고등학교 학생들은 함께 역전에 모였지. 남성여자중고등학교 학생들도 이리여자중고등학교 학생들과 함께 역전으로 갔고, 경찰서 앞까지 나아간 시위대는 그곳에서 또 중앙대 이리 분교 학생들과 함께했어. 경찰은 집으로, 학교로 돌아가라고 말했지만, 시위대는 "계엄령을 즉시 철회하라"라고 외쳤어. 이리상업고등학교, 원광고등학교, 이리농업고등학교, 이리공업고등학교 학생들도 참여하면서 시위대는 점점 더 불어났지. 남성여고 학생이 "학원의 자유를 달라", "민주주의를 확보하라"라는 혈서를 써서 시위대는 더욱 용기 있게 나아갔어.

학생들의 시위에 맞선 경찰은 최루탄을 쏘고 실탄이 든 총을 학생들에게 발사했지. 전국에서 수십 명의 학생이 죽고 수백 명의 사람이 다쳤어. 용광로처럼 타오르는 민주주의에 대한 열망을 무력으로 꺼뜨리려고 한 거지. 소중한 생명이 피를 흘리며 스러져 갔어. 훗날 사람들은 4월 19일을 '피의 화요일'이라고 불렀단다.

5개 도시, 계엄령 선포

정부에서는 전국에서 학생들의 시위가 일어나자 4월 19일 오후 2시 반에 서울에 비상계엄령을 선포했어. 이어서 오후 4시 30분에는 부산, 대전, 광주, 대구까지 계엄령을 넓혔지.

4월 19일 밤 주한미국 대사인 매카나기는 경무대로 이승만 대통령을 찾아갔어. 이승만 대통령은 "이 모든 일이 장면과 민주당 사람들 때문이다"라며 "민주주의를 뒤집어엎으려는 세력이 민주당 사람들을 이용하고 있다"라고 말했지.

매카나기 대사는 시위 군중에 보복 행동을 하지 말고, 시위대의 불만을 해소하는 대응조치가 있어야 한다고 했어. 그리고 한국 정부가 부정선거 사실에 대해 인정하는 것이 필요하다고 말했지.

뉴욕의 신문들은 4월 19일 한국의 경찰 태도에 유감을 표시했고, 영국의 신문들도 19일에 일어난 사건은 대통령 선거에서 벌어진 부정 때문이라고 논평했지. 파리의 《르몽드》 역시 이 대통령의 승리는 쓰라린 승리라고 보도했어.

자유당은 4·19 시위 사건에 대한 성명을 발표했어.

우리 당은 학생들을 부추겨 폭력적인 행동을 하게 한 사람들과 그 무리의 악독하고 잔인한 행동이 안타깝고 한스럽다. 민주당 측에서는 시위행진에 대하여 무자비하게 총을 쏘았다고 비난하지만, 데모대가 경찰에게 돌을 던졌고, 경찰을 때려 다치게 했고, 통의동 파출소를 습격하고 점거했으며, 문교부 청사를 파괴하고, 경무대에 들어가려고 해서 어쩔 수 없이 발포하게 되었다는 것은 시민이 잘 알고 있는 사실이다.

법과 질서를 파괴하여 폭력행위를 하는 것은 국민으로서 있을 수 없는 행동이며, 이성으로 돌아가 안정을 기도하여, 우리의 사명과 임무에 충실할 것을 바라는 바이다.

장면은 민주당 최고위원 이름으로 시국 수습을 위한 10개 조항을 담은 성명을 발표했지만, 언론 통제 때문에 국내 언론에는 발표되지 못했어.

재야 정치지도자 김병로, 서상일, 이인, 이규갑, 김성숙, 이관구 등 13명은 다음과 같은 대정부 건의안을 결의했어.

최근 학생들의 집회와 행진이 이어지자 계엄령이 선포되기에 이르렀다. 이는 대한민국 정부가 수립된 이후 12년 동안 정치, 사회적인 불안이 쌓인 결과이며, 무엇보다 3·15부정선거 때문이다. 이는 군대나 총으로 막을 수 없고, 오직 정부와 공직자의 진심 어린 반성과 국민이 바라는 바를 최선을 다해 이루려는 모습을 보여

야만 해결할 수 있다. 그러므로 우리 동지들은 이 사태를 수습하기 위해 아래와 같은 조항을 제안한다.

1. 즉시 비상계엄을 해제하라.
2. 더는 학생들을 희생시키지 말고 구속된 자를 석방하라.
3. 국민의 의사를 존중하라.

이승만 대통령 역시 20일 오후에 다음과 같은 담화를 발표했어.

어제 일어난 사건은 믿을 수 없는 만큼 충격적이다. 가장 우선되어야 할 것은 법과 질서를 회복하여 계엄령을 없게 할 것이다. 죄를 지은 사람은 벌을 받을 것이고, 잘못된 것이 있으면 다 바로 잡혀질 것이다.

대통령의 담화 발표 이후 10명의 국무위원은 사표를 제출했어.

제3부

대학 교수와 어린이가 한마음으로 외치다

교수단과 어린이들의 외침

학생의 피에 보답하라!

'피의 화요일' 전국적인 시위가 끝나고도 이승만은 물러날 생각이 조금도 없었어.

당시 미국 대사였던 매카나기는 "미국은 4·19 시위가 민중의 분노라 생각한다"고 이승만에게 말했지만, 이승만은 끝까지 그렇지 않다고 했어. 오히려 미국과 미국 신문들이 잘못 알고 있어서 문제를 악화시키고 있다고 주장했지.

이승만은 장면 부통령과 천주교의 노기남 주교가 천주교 영향력을 확대시키려 민중들을 선동하고 있는 것일 뿐이라고 했어. 학생들이 무리한 요구를 하는 것이지, 다른 국민은 그렇게 생각하지 않는다며 애써 부인하고 있었지.

이승만의 주변에는 당시의 상황을 제대로 말해 주는 이가 아무도 없었던 걸까?

매카나기 대사는 이승만이 정보에 어둡고 나이가 많은 탓인지 아첨에 귀를 기울이고, 사람들이 왜 자신을 비판하는지 잘 파악하고 있지 못하고 있다고 미국 정부에 보고했어.

그런 잘못된 인식으로 사태를 받아들인 끝에 이승만이 내놓은 대답은 "국민이 원하는 일이면 무엇이든지 하겠다"며 "자유당을 떠나겠다"고 밝힌 거였어.

이승만과 자유당이 성난 민심을 잠재우기 위해 4월 23일에 발표한 해결책은 다음과 같았어.

1. 이승만은 자유당 총재직에서 물러난다.
2. 이기붕은 부통령 자리는 물론, 모든 공직에서 물러난다.
3. 계엄사령부는 민심을 수습하기 위해 노력한다.

어디까지나 자유당이 저지른 잘못이니, 이승만은 자신이 자유당과 선을 긋는다면 국민이 더는 불만을 말하지 않으리라 생각한 것이었지. 현실을 제대로 보는 눈이 한참 모자랐다고 할 수 있어. 근본적인 문제는 아무것도 해결되지 않았으니까.

시위는 끝난 듯이 보였지만 전혀 그렇지 않았지. 사그라든 것처럼 보이던 불씨를 다시 살린 사람들이 있었는데 바로 대학 교수들이었어.

그들 역시 수많은 어린 청년 학생들의 희생을 지켜보았고, 그들에게 나라의 운명을 내맡긴 채 그저 구경만 할 수는 없었던 거야. 이승만과 자유당이 내놓은 해결책은 꼼수이자 임시방편일 뿐이었어. 나라를 바로잡으려면 더 강력한 해결책이 필요했지.

4월 25일, 그러니까 '피의 화요일'이라 불린 4월 19일로부터 6일이 지난 때였어. 오후 3시, 처음에는 50명쯤 모일 거라 예상했지만 서울대 의대의 교수회관에는 여러 대학의 교수들이 258명이나 모여들었어!

이들은 토의를 거쳐 14개 항으로 이루어진 시국선언문은 발표했어. 이 시국선언문을 요약해 보면 다음과 같은 내용들이야.

- 4·19의거는 부정과 불의에 항거하여 주권을 찾으려는 국민을 대표한다.
- 평화적이고 합법적인 학생 데모에 대통령과 정부는 총탄과 폭력으로 맞섰다.
- 부패와 부정을 저지른 대통령과 국회의원, 대법관들은 물러나야 한다.
- 3·15선거는 불법 선거이므로 다시 실시하고 책임자들에게 중형을 내려야 한다.
- 학생들에게 폭력을 행사하고 명령을 내린 자들에게 중형을 내리고 구속된 학생들을 석방해야 한다.

교수 시위대는 질서정연하게 동숭동을 떠나 종로까지 걸어갔어. 이승만 정권 12년간 여러 사건들이 터졌지만 교수들이 이렇게 시위에 나서는 일은 거의 없었어. 당시에도 대학 총장들의 모임에서 "4·19 사건은 우리가 교육을 잘못시킨 탓으로 발생한 것이니 모두 이 대통령께 사과하러 가자"는 어이없는 말이 나오기도 했을 정도니까.

시민들은 교수들의 행진에 기뻐하며 하나둘 그들과 함께 걷기 시작했어. 시민들과 교수들의 구호와 노랫소리가 종로를 뒤흔들었지. "학생의 피에 보답하라!"는 구호는 어느새 "대통령은 하야하라!"로 바뀌어 있었어. 사람들은 대통령이 책임지고 물러나기를 요구하고 있었지. 사람들의 숫자도 점점 늘어서 화신백화점(지금의 종로타워)에 이르러서는 어느새 1만 명으로 불어 있었어.

사람들은 파고나공원(지금의 탑골공원)에 있던 이승만 동상을 끌어내렸어. 서대문에 있던 부통령 이기붕의 저택은 파괴되었고, 동대문경찰서도 불타오르기 시작했지.

종로, 을지로를 거쳐 국회의사당(지금의 중구 태평로 서울시의회 본관) 앞에 모인 시위대는 시국선언문을 발표한 뒤 6시

시국선언문을 발표하며 시위에 나선 대학 교수들 1960년 4월 25일 258명의 교수들이 "학생의 피에 보답하라"는 플래카드를 앞세우고 서울대학교를 출발해 시위에 나서고 있어. (사진·경향신문)

50분에 해산했지만 사람들은 여전히 자리를 떠나지 않았어. 국회의사당 앞은 사람들이 가득 모여 있었고, 곧 몇 대의 탱크가 모습을 드러냈지.

군인들은 우리 편이다!

군인들은 군중을 해산시키려 했지만 사람들은 두려워하기는커녕 "쏠 테면 쏴라!"고 외쳐댔어. 계엄군이 최루탄을 쏘았지만 사람들은 애국가 등을 부르며 맞섰지.

4월 19일 오후 계엄령이 선포되면서 탱크가 동원되었어. 하지만 탱크에서 포탄을 쏘는 일은 일어나지 않았어. 오히려 시민들을 시켜 주었지. "사람들은 군인들은 우리 편이다"라고 외치기도 했어.

만약 이때 계엄군이 시위대를 향해 발포했다면? 4·19는 훨씬 참혹한 상황으로 치달았을지도 몰라. 마치 5·18광주민주화운동처럼 말이야. 여기에는 미국의 판단이 큰 영향을 미쳤어. 그때는 당시 한국군에 대한 지휘권을 미주둔군

시민들이 계엄군 탱크 위에 올라가 환호하고 있는 모습 4월 19일 오후 계엄령이 선포되면서 군부대의 탱크가 동원되었지만, 군인들은 탱크에서 포탄을 쏘지 않고 오히려 시민들을 지켜 주었어. (사진·3·15의거기념사업회)

사령관이 갖고 있었어. 한국전쟁 때 이승만이 국군에 대한 작전지휘권을 미군(유엔군사령관)에게 넘겼거든. 당연히 계엄군에 대한 미국의 입김은 절대적이었지.

3·15부정선거를 사실상 묵인했던 미국은 4·19 시위 이후 이승만 정권과 거리를 두게 돼. 미국은 4·19혁명이 자칫 독재 정권을 무너뜨리는 데 그치지 않고 한국에서 자신들이 가진 위상을 위협할지도 모른다고 걱정했어. 하루빨리 성난 민심을 달래고 시위를 끝내는 것이 더 이득이라고 생각한 거야. 이승만의 충견 역할을 했던 경찰이 시위대에 폭력적이었던 반면, 미군의 영향권 아래 있던 계엄군이 시위 진압에 소극적이었던 이유야.

이런 상황에서 교수들의 시위는 미국의 마음을 움직일 결정타였다고 할 수 있어. 미국의 원조와 지원으로 정권을 유지해 온 이승만에게 미국이 등을 돌리는 상황은 죽음이나 마찬가지였지. 이날 오후까지도 이승만은 내각을 개각하겠다는 등 수습책을 내세워 집권 연장을 꿈꾸었지만, 이미 너무 늦은 상황이었어.

부모 형제들에게 총부리를 대지 말라!

1919년 3·1운동, 1926년 6·10만세운동, 1929년 광주학생운동, 1960년 4·19혁명의 공통점이 뭔지 알아?

바로 학생들이 이끌어 낸 독립운동이자 민주화 운동이라는 점이야. 나라가 위태로울 때마다 학생들은 어른들에게 모든 걸 맡긴 채 그저 지켜보지만은 않았어. 나라의 미래는 곧 자신들의 미래이고, 나라의 아픔은 자신의 아픔으로 느끼며 안타까워했지.

나라가 위급한 순간에 나이 따위는 아무런 문제가 되지 않았어. 4·19에서도 학생 사망자 79명 중 6명이나 되는 초등학생이 죽임을 당했어. 물론 다친 아이들은 그보다 훨씬 더 많았지. 교수들의 시위가 일어난 다음 날인 4월 26일은 온 국민이 거리로 뛰쳐나와 정권 퇴진을 외쳤어.

탱크에는 아이들이 빼곡히 올라가 있었지. 아이들은 탱크를 무서워하지 않았어. 어린 초등학생들의 시위는 어른들에게 큰 울림을 주었어. 어른들은 아이들이 시위에 참여

경찰의 무차별 공격을 규탄하는 초등학교 학생들 4·19혁명 때 학생 사망자 79명 가운데 6명이나 되는 초등학생이 죽임을 당했어. (사진·3·15의거기념사업회)

할 수 있도록 따뜻한 눈빛으로 길을 비켜주었지.

26일 오전 9시가 되자 세종로 일대의 시위 군중은 3만 명으로 늘어나 있었어. 오전 10시 경무대로 이동했을 때는 10만 명을 넘어서고 있었지.

당시 수송국민학교는 지금의 종로구청 자리에 있었어. 그런 탓에 4월 19일 수업을 마치고 집으로 돌아가던 6학년 전한승이 목숨을 잃는 안타까운 사건이 일어나기도 했어. 이에 수송초등학교 아이들도 어깨동무를 한 채 시위에 나섰어.

"국군 아저씨들, 우리 부모 형제에게 총부리를 대지 말라!"

아이들은 플래카드를 들고 온 힘을 다해 소리쳤지. 그러던 오전 10시 20분쯤, 드디어 방송에서 대통령의 목소리가 울려 퍼지기 시작했어!

새 헌법에 따른 총선거

이승만 하야, 허정 과도내각 수립

4월 26일 오전 10시 30분, 마침내 이승만 대통령은 라디오 연설을 통해 하야 성명을 발표했어. 시위가 이승만 퇴진 운동으로 번져 가자 더 이상 버티지 못하게 된 거지. 다음 날 27일 이승만 대통령은 국회에 사임서를 제출했고, 곧바로 수리됐지. 이로써 1948년 8월 15일 세워진 제1공화국은 만 11년 8개월여 만에 막을 내리게 된 거야.

대통령 자리가 빌 경우 부통령이 승계하는 것이 원칙이

지만 장면 부통령도 이미 사퇴한 상태였기 때문에 수석국무위원이었던 허정 외무부 장관이 권한대행을 맡게 되었어. 허정은 시민들의 시위가 막바지로 치닫던 4월 24일 외무부 장관에 임명되었는데, 그가 이승만에게 선택받은 것은 그가 일제 때 독립운동을 했다는 점과 정치권력에 큰 욕심이 없다는 평을 받았기 때문이야.

허정은 미국에서 이승만을 도와 독립운동을 펼치는 등 이승만과 인연이 깊은 사이였어.

그는 과도정부의 당면 과제로 3개 항을 발표했어.

1. 정·부통령 선거는 국회와 협의하여 실시한다.
2. 경찰 중립화 방안을 추진한다.
3. 과도정부의 각료는 비정당인으로 구성한다.

4월 28일 과도정부의 내각 명단도 발표했어. 과도정부는 5월 2일 첫 국무회의를 열어 혁명 과업 수행의 5가지 기본 정책을 채택했어.

1. 부정선거 관련자 엄중 처벌

2. 경제사범 엄단

3. 경제적 민주화를 지향하는 시책

4. 중소기업 육성에 재정적 뒷받침

5. 악질 세무 관리의 엄단

또 추가적인 시책도 발표했어.

1. 반공주의 한층 더 강화

2. 부정선거 처벌 대상은 고위책임자와 잔학행위를 한 자에게만 한함

3. 4·19혁명 당시 미국의 행위를 내정간섭 운운하는 것은 이적 행위로 간주

4. 한일 관계의 정상화 노력과 일본 기자의 입국 허용

◀ 이승만의 하야 성명 발표에 환호하는 시민들
4월 26일 오전 이승만 대통령이 라디오를 통해 하야 성명을 발표하자 많은 시민이 거리로 몰려나와 기쁨의 함성을 외쳤어. (사진·경향신문)

망명길에 오르는 이승만 대통령 1960년 5월 29일 오전 8시 30분 김포공항에서 이승만 전 대통령(가운데 검은 안경 쓴 사람)이 망명길에 오르기 전 전송객들과 이야기를 나누고 있어. (사진·위키피디아)

이와 함께 허정 대통령 권한대행은 이승만의 망명을 비밀리에 추진했어. 각료들 모르게 주한 미국대사와 협의해 1960년 5월 29일 새벽 김포공항을 통해 이승만과 부인 프란체스카를 하와이로 보낸 거야.

이 일 때문에 국회에서 이승만 출국에 대한 책임추궁이 이어졌어. 이 자리에서 허정은 "이 박사는 건강이 나빠 하와이로 잠깐 요양차 여행한 것이니 인도적으로나 정치적으로나 그리 나쁜 일이 아니며, 현재의 시국 수습에도 유리할 것"이라는 내용으로 답을 했어. 그러나 장면 민주당 대표는 성명을 통해 "그(이승만)가 부패와 독재와 학정에 대해 사과하지 않고 망명한 것은 무책임한 행동"이라며 "과도정부에 이승만의 탈출 경위와 진상을 밝히라"고 요구했어.

내각책임제 개헌

허정 과도정부의 가장 큰 과제는 내각책임제로 개헌한 뒤 새 헌법에 따라 대통령 선거와 국회의원 선거를 가능한

한 빨리 실시하게 하는 것이었어.

이미 내각제에 대한 국민적 합의는 이뤄진 상태였기 때문에 내각책임제 개헌은 4사 5입 개헌파동을 겪은 야당의 정치적 목표였어. 또 4월 혁명으로 자유당 정권을 무너뜨린 국민들도 내각책임제로 개헌할 것을 요구하기 시작했어. 이승만의 장기 독재정치에 신물을 느꼈기 때문이야.

4월 26일 이승만의 하야 성명이 발표되자 수만 명의 시위 군중들이 국회의사당 앞에서 내각책임제 개헌 등 6개 항의 결의문을 채택했어.

내각제 개헌작업은 민주당을 중심으로 발 빠르게 진행됐어. 개헌특위는 각계 의견 수렴과 거듭된 회의를 통해 5월 9일, 대체적인 개헌 내용에 합의했어. 개헌 내용은 민주당 안을 기초로 만들어졌어.

국정은 국무총리를 중심으로 하는 내각이 책임지고 수행하며, 대통령은 명목상의 국가원수로 국군통수권과 영예수여권, 공무원 임명권, 국무총리 제청권, 법률공포권 등 형식적인 권한만을 갖게 하여 입법부와 행정부가 상호

견제를 한다는 것이 그 내용이었어.

개헌안은 전문 103조로 돼 있던 제1공화국 헌법 중 무려 52개 조항을 고치게 되었어. 개헌이 아니라 사실상 새로 제헌을 한 거나 다름없었지. 이 과정에서 엄항섭 위원장이 과로로 사망하는 불상사가 생기기도 했어. 개헌안은 1960년 6월 15일에야 국회를 통과했어. 재적 211명 중 찬성 208표, 반대 3표의 압도적인 지지로 제2공화국을 운영하는 새 헌법이 만들어진 거야.

이 새 헌법에 따라 7월 29일 민참의원 선출을 위한 총선거가 실시됐어. 선거는 민주당의 대승(민의원 233석의 75.1%인 175석, 민의원 219개 선거구 중 78.5%인 172석, 참의원 58석의 53.4%인 31석)으로 끝났어.

이어 새 헌법에 따라 8월 12일 양 의원 합동 선거를 실시, 민주당 윤보선 후보가 4대 대통령에 선출됐고, 이어 8월 19일 민주당 장면 후보가 국무총리 인준을 받았어.

허정 과도정부는 정치 일정 관리 면에서 보면 큰 무리 없

새 헌법에 따라 문을 연 제2공화국 정부 1960년 8월 19일 민의원에서 국무총리 인준을 받고 난 뒤 장면 총리(오른쪽)가 경무대를 찾아 윤보선 대통령과 악수하는 모습이야. (사진·경향신문)

이 자기 소임을 다했다고 할 수 있어. 그 혼란스러운 정치 상황에서 3개월 만에 개헌과 총선거를 치러 제2공화국의 문을 열었지.

그러나 4·19혁명의 완수라는 면에서는 아쉬움이 많아. 4·19혁명에서 제기된 부정선거와 발포 명령자 처벌, 부정부패자 처리, 민족반역자 재산몰수 등에 매우 소극적이었기 때문이야. 곪은 상처를 근원적으로 치료하기 위해서는 아픔을 견디는 고통이 필요한데 허정 과도정부는 "비혁명적 방법"이라며 수술 없이 진통제만 처방한 셈이지. 결국 4·19혁명을 마무리하는 임무는 다음 정권으로 넘겨지게 되었어.

이 와중에도 제2공화국이 할 일은 분명했어. 무엇보다 3·15부정선거와 발포 책임자를 처벌하는 것이었지. 4·19혁명 과정에서 분출된 국민의 요구를 수렴하고, 정치 민주화와 남북통일, 경제 발전의 청사진을 제시하는 것도 빼놓을 수 없는 과제였고 말이야.

그럼, 부정선거와 발포 책임자 처벌은 되었을까?

4·19혁명 직후 들어선 허정 과도정부는 4월 28일 3·15부정선거와 관련, "국민이 원하는 방향으로 3.15부정선거의 책임소재를 밝히고 엄정히 다스리겠다"는 특별성명을 발표했어.

이어 검찰은 3·15부정선거 주무 부서인 내무부의 최인규 장관과 부정선거를 전방위적으로 자행한 각부 장관들을 구속하고, 발포에 관련된 경찰 간부를 비롯해 박찬일 경무대 비서관, 임흥순 서울시장 등도 함께 구속됐지. 하지만 지루한 재판 끝에 1960년 10월 8일 최인규 장관만 사형이 선고됐을 뿐이야.

그 과정에서 4·19 시위 중 부상당한 학생들이 격분해 국회 단상을 점거하는 사태가 벌어졌어. 국회는 부랴부랴 11월 개헌을 통해 '반민주행위자 공민권제한법', '부정선거관련자 처벌법', '부정축재자 특별처리법', '특별재판소 및 특별검찰부 설치법' 등 4개의 특별법을 제정했고, 특별법에 따라 609명의 공민권이 제한됐어. 특별검찰부는 공소시효 종료 시점인 1961년 2월 28일까지 연장해 수사했어.

그러나 이런 노력에도 불구하고 이승만 잔재 청산 작업은 흐지부지되고 말았고, 4·19혁명을 부정하며 들어선 쿠데타 세력은 극소수의 부정선거와 발포 책임자, 정치 깡패들에게만 중형을 가했을 뿐 대부분 피의자는 3년 이하의 솜방망이 처벌에 그치고 말았어.

새로운 헌법과 제2공화국

의원내각제 정부

제2공화국은 우리나라 헌정사상 유일하게 절대적인 의원내각제 정부였어. 헌법상 대통령은 국가의 원수이며 국가를 대표하는 상징적인 존재로만 규정됐어. 의회는 민의원과 참의원 양원으로 구성됐는데, 행정권은 민의원에서 선출된 국무총리를 중심으로 한 내각(국무원)에 집중됐지. 의회는 언제든지 내각을 불신임할 수 있었고, 내각도 의회를 해산할 수는 있었어. 그러나 민의원에서 정부 불신임 결의가 있는 경우에 한해서만 가능한 일이었지.

달라진 경찰? 국민 신뢰를 회복하기 위해 휴일에도 쉬지 않고 일하고 있는 경찰 모습이야. (사진·경향신문)

그러니까 일반적인 내각제보다 내각의 의회해산권을 크게 제한한 거야. 특히 의회에 국무총리를 인준할 수 있는 권한도 주었어. 대통령이 국무총리를 지명하되 민의원 동의를 받도록 했어. 만약 2차례의 대통령 지명이 모두 민의원 동의를 얻지 못하면 민의원이 자체적으로 국무총리를 선출할 수 있었는데 이와 함께 민의원이 해산되었을 때를 제외하고는 국무원 구성원의 과반수는 국회의원으로 구성하도록 했어.

이처럼 의회에 강력한 힘을 몰아준 것은 2공화국이 4·19 혁명의 결실로 탄생한 정부이기 때문이야. 이승만 독재 정권에 대한 국민적 거부감을 반영한 거지.

제4부

4·19혁명, 어떻게 계승해야 할까?

4·19혁명 뒤 사회 변화

이승만 독재가 무너지자 다양한 분야에서 변화의 조짐이 나타났어.

우선 혁명의 선두에 섰던 학생들은 학원 자유화, 학내 비리 척결 등 학원 민주화 운동으로 관심을 돌렸어.

우선 학도호국단을 해체하는 작업에 들어갔어. 학도호국단은 1949년 이승만 정권이 중, 고, 대학교에 사상통일과 유사시 향토 방위를 한다는 명분으로 만든 학생 조직이야. 이승만 정부는 학도호국단을 통해 반공주의를 주입하고, 관제 데모에 동원하는 등 학생들의 불만이 많았거든. 학도호국단을 해체하고, 자주적이고 민주적인 학생회를 건설하는 것은 학원 민주화의 최우선 과제였지. 허정 과도내각도 학도호국단 해체를 의결해 학생 자치를 지원했어.

또 어용, 무능 교원을 몰아내고, 재단 비리와 비민주적인 학교 운영을 청산하는 것도 학원 민주화의 중요한 내용이었어. 주로 이사장과 학교장을 겸직한 사립학교에서 총장과 교장 사퇴 운동이 일어났어. 결국 장면 정부는 1960년 8월 교육감, 교장 19명을 징계위원회에 회부했어. 사학비리를 막기 위한 사립학교법 제정 논의도 이때부터 시작됐어. 학교 운영에 교원, 학생들의 의견을 반영할 수 있는 움직임도 활발해졌어.

한편, 대학생을 중심으로 국민계몽운동이 펼쳐졌는데, 방학을 이용해 농촌지역을 중심으로 민주의식을 높이는 활동을 하게 되었고, 도시지역에서는 신생활운동을 전개했어. 도시인들의 허영과 사치를 규탄하고, 양담배, 양주 등 사치 안 하기 운동도 벌였지.

초·중·고 교사들은 우선 관제단체인 대한교육연합회(현 한국교원단체총연합회)를 해체하고 한국교원노동조합을 설립하는 운동을 펼쳤어. 교육계가 권력의 도구가 되었다는 비판의 목소리가 높았기 때문이야. 5월 7일 대구상업고등학교에서 전국 최초로 대구지구 중등교원 노동조합을 설립했는데, 당시 대구지역 50개교 중 43개교가 참석할 정도로 높은 지지를 받았다고 해. 대구 중등교원 노조는 대한교육연합회에서 탈퇴하기로 결정하고, 새로운 교육위원회의 구성, 교육공무원법 개정 등을 담은 결의문도 채택했어.

노동운동은 어땠을까? 4·19혁명과 함께 노동운동도 역시 봄날을 맞게 되었는데, 무엇보다 어용노조 민주화 투쟁이 활발했지. 당시 이승만 정부에서 어용노조 역할을 한 대한노동조합총연합회(대한노총)를 없애고 노동자 권익을 온전히 대변할 수 있는 노동자 조직(전국노협)에 대한 열망이 매우 컸어.

전국노협은 1960년 5월 한 달에만 170개 단위노조를 흡

수해 16만 명의 조합원을 가진 조직으로 성장하게 되었어.

대한노총 내부에서도 어용(자신의 이익을 위해 정부나 그 밖의 권력 기관에 영합해 자주성 없이 행동하는 것을 낮잡아 이르는 말) 간부 축출 등 조직 내 민주화 움직임이 일어났어. 결국 5월 위원장이 물러나고 노조 간부들도 쫓겨나게 돼.

조직 통합 논의도 펼쳐져 1960년 11월 대한노총과 전국노협이 통합해 한국노동조합총연맹(한국노련)으로 재탄생했고, 위원장도 개혁적인 전국노련 위원장이 맡게 됐어. 그러나 한국노련은 5·16 쿠데타 세력에 의해 출범 반년 만에 해체되고, 한국노동조합총연맹(한국노총)이 새롭게 만들어져 오늘에 이르고 있어.

이제, 통일 운동 이야기를 해 보자. 이 시기는 우리 현대사에서 통일 논의와 통일 운동이 가장 활발했던 때로 꼽히고 있어. 북한 정권을 몰아 내자는 일방적 북진통일을 주장했던 이승만 정권이 무너지자 억눌렸던 통일 운동도 봇물처럼 터져 나왔던 거지. 당시 대표적인 통일 방안은 중립화 통일론과 자주적 남북협상론이었어. 정부는 유엔 감시 하의 인구비례에 따른 총선거(대한민국 헌법에 따른 북한만의 총선거)가 기본 입장이었어.

중립화 통일 방안은 오스트리아, 스위스처럼 주변 강대국들이 협정을 맺어 한반도를 미국과 소련, 어느 진영에도 속하지 않는 중립지대로 만드는 방식이었지. 1960년 10월 미국 상원의원 맨스필드가 제안하면서 관심이 높아졌어. 사회대중당, 통일사회당, 한국사회당 등 진보적 성향(혁신계) 정당이 이 논의를 주도했어. 지식인, 학생들 사이에서도 많은 지지와 공감을 얻었다고 해.

반면, 자주적 남북협상론은 외세간섭 없이 남과 북의 직접적인 협상을 통해 통일해야 한다는 주장이야. 통일 문제는 민족 내부의 문제이며, 남과 북이 통일의 당사자라는 입장에서 출발하지. 중립화 방안에 대해서는 외세가 주도하는 방식이라며 부정적으로 바라보았고 4월 혁명기 최대 통일 운동 단체였던 '민족자주통일협의회'(민자통)가 논의를 이끌게 되었어.

정치권과 사회단체가 통일 방안 논의에 집중하고 있는 사이 학생들은 구체적인 행동에 나서고 있었어.

학생들은 4·19혁명 직후엔 학내 민주화와 국민계몽운동에 주력하다가 점차 통일 운동으로 관심을 넓혔어. 1960년 9월 고려대의 '민족통일에 관한 제문제' 토론회, 11월 서울대의 '민족통일연맹'(민통련) 결성이 이어졌지. 이듬해 5월 초까지 전국 18개 대학과 1개 고등학교에서 민통련이 결성됐어.

민통련이 주도한 서울대 4·19 1주년 기념행사 후 학생들은 가두 침묵시위를 펼쳤어. 플래카드에 쓰인 구호는 '이 땅이 뉘 땅인데 오도 가도 못하느냐', '남북학생 판문점에서 만나자'였는데, 3·15부정선거 재실시 요구에서 시작한 학생들의 주장이 이승만 하야 투쟁으로 발전했고, 다시 통일 운동으로 나아간 거야.

민통련은 5월 3일 '남북학생회담' 결의문을 채택했고, 5일에는 30여 명의 대학 대표들이 참석한 가운데 '민족통일전국학생연맹'(민통전학련) 결성준비 대회를 갖고 공동선

봇물처럼 터져 나온 통일 운동 1961년 5월 남북학생회담 개최를 요구하는 교수와 학생들이 시위하는 모습이야. (사진·한국정책방송원)

언문을 발표했어. 학생들은 남북학생회담 제안에 이어 5월 13일엔 보다 구체화된 내용을 발표했는데, 남북학생 친선사절단, 기자, 체육단, 예술단 교환, 통일 축제에 관한 문제 등이 포함됐어.

급물살을 타던 남북학생회담 역시 5·16 군사쿠데타로 인해 멈추고 말았어. 반공을 제1의 혁명공약으로 내세운 박정희 정권은 '반공다운 반공'을 앞세워 혁신계와 학생들의 통일 논의를 짓밟았어. 짧은 기간 활짝 피었던 통일 운동은 긴 어둠의 터널을 지나야만 했지.

이때 외쳤던 "가자 북으로, 오라 남으로, 만나자 판문점에서"라는 구호는 30여 년이 흐른 1980년대 후반이 되어서야 '전국대학생대표자협의회'(전대협)에 의해 다시 울려 퍼지게 되었어.

군사 반란과 민주주의 후퇴

1961년 5월 16일 새벽, 4·19가 일어난 지 392일이 지난 날이야. 박정희 소장을 중심으로 한 3,600여 명의 군인들이 서울을 무력으로 장악했어. 이들은 곧바로 군사혁명위원회(의장 장도영, 부의장 박정희)를 구성, 3권(입법, 사법, 행정)을 장악한 뒤 전국에 비상계엄령을 선포했어.

▶ 군사정권의 시작이 된 5·16 군사쿠데타 당시 박정희 소장(오른쪽) 4·19혁명으로 후끈 달아올랐던 민주화의 열기는 박정희 소장을 앞세운 군부 세력의 군사쿠데타로 다시 꽁꽁 얼어붙고 말았어. (사진·경향신문)

이와 함께 라디오를 통해 혁명선언문과 '반공', '미국과의 유대 강화', '부패, 구악 일소' 등 6개 항의 혁명공약을 발표했어. 5·16군사정변을 일으킨 거지.

쿠데타 세력은 정치, 사회, 언론, 학원에 대한 통제를 강화하고, 남북 교류 협력을 추진한 단체 등 3,000여 명의 혁신계 및 야당 인사를 구속했어. 5월 19일엔 군사혁명위원회를 국가재건최고회의로 확대 개편하고, 《민족일보》를 폐간했지. 이어 정당, 사회단체와 노동조합을 해산하고, 정기간행물 1,200여 종도 폐간했어.

4월 혁명 이후 1년여간 민주화 열기로 후끈 달아올랐던 대한민국은 5·16군사정변으로 꽁꽁 얼어붙은 겨울 공화국으로 바뀌었어. 5·16군사쿠데타는 역사발전의 시계를 4·19혁명 이전으로 되돌려 놓았던 거야.

미완의 혁명에서 완성으로

사람들은 4·19혁명을 미완의 혁명이라 말하고는 해.
혁명의 주체가 학생과 청년들이었기에 정권을 장악해 잘못된 사회 제도를 개혁하고 나라를 바꿀 만한 새로운 정책을 시행할 수 없었기 때문이야. 허정 과도내각과 장면 정권은 혁명 의지를 이을 생각이 없었어. 뒤이어 쿠데타를 일으켜 정권을 잡은 박정희 군사정권은 4·19를 왜곡하고 자신들의 이익을 좇기에 바빴지.
하지만 그 당시 봇물처럼 터져 나온 민주화 운동, 특히

통일 운동은 지금보다 오히려 더 풍부하고 다양한 논의로 대중적 참여 속에 펼쳐졌어. 그 경험은 1987년 6월민주항쟁과 2016년 박근혜 대통령 탄핵 촛불시위로 계승돼 우리 사회의 민주화 발전에 큰 밑거름이 되었지.

민주화 운동의 산증인인 김정남 전 청와대 교육문화수석은 4·19혁명에 대해 "우리 공동체가 반드시 거기서부터 시작해야 할 고향이며 시원(시작점)이고, 동시에 반드시 이뤄야 할 이상이요 목표"라고 말했어.

이처럼 4·19혁명은 "세계에서 찾아보기 힘든 고귀한 민주주의 투쟁"이었다는 걸 꼭 기억하자.

"우리 대한민국은 3·1운동으로 건립된 대한민국임시정부의 법통과 불의에 항거한 4·19 민주이념을 계승"한다고 헌법 전문에도 나와 있듯이 4·19는 자유와 민주주의를 지켜내기 위해 국민의 손으로 독재 정권을 몰락시킨, 대한민국의 민주주의를 상징하는 혁명으로 남아 있어. 대한민국이 참된 민주공화국으로 발전하는 만큼 4·19혁명 또한 완성되는 셈이지.

4·19혁명은 우리나라 민주화와 통일 운동에서 소중한 자양분이 되었어. 4·19를 통해 우리 민중은 생생한 민주주의 교육을 체험했고, 활짝 열린 공간에서 자기 영역에 존재하는 비민주성과 불합리함을 청산하는 작업에 적극 나섰어. 학생들의 학원 민주화와 통일 운동, 교원들의 교원노조 운동 및 학내비리 척결 운동, 노동자들의 민주노동운동 등 4·19혁명 당시 논의되고 분출됐던 문제들은 지금도 여전히 현실 속의 과제로 남아 있게 되었어.

그러므로 4·19혁명은 아직도 진행형이야. 사회 곳곳에 남아 있는 비민주적이고 불합리한 것들이 사라지고, 민족이 통일되어 남과 북의 동포가 함께 인간답게 사는 세상이 올 때 비로소 4·19혁명은 완성될 거야. 그때까지 우리, 마음 깊이 4·19와 민주주의를 함께 기억하도록 하자.

| 부록 |

사건으로 보는 4·19혁명의 역사

1959년

6월 29일
자유당 전당대회(대통령 이승만, 부통령 이기붕 후보 지명)

7월 31일
조봉암 진보당 당수 사형집행

11월 26일
민주당 후보 지명(대통령 조병옥, 부통령 장면)

12월 11일
이승만 '조기 선거' 주장

1960년

2월 3일
정부, 3월 15일 정·부통령선거 공표

2월 13일
이승만 "자유당 부통령 후보가 당선되지 않으면 따르지 않겠다" 담화

2월 15일
민주당 대통령 후보 조병옥 사망

2월 28일
대구 학생 시위(대구지역 고교생 1,700여 명 '학원 자유' 요구)

3월 15일
제4대 정·부통령 선거(투표율 97%, 이승만·이기붕 당선)
마산에서 부정선거 규탄(1차 마산의거, 경찰 발포로 사상자 발생)

4월 11일
마산 중앙부두 앞 바다에서 눈에 최루탄이 박힌 김주열 군 시체 떠오름
마산 시민 3만여 명 시위(2차 마산의거)

4월 18일
고려대생 3,000여 명 시위
귀교하던 고대 시위생들 종로 4가에서 폭력배들에게 폭행당함

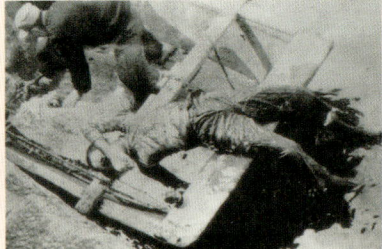

136   1960 4·19혁명

4월 19일
서울 시위 확산, 경찰 경무대 앞 시위대에 무차별적 실탄 사격(피의 화요일)
부산, 광주, 대구 등 전국에서 시위(~24일까지 산발적 시위 이어짐)

4월 21일
국무위원과 자유당 간부 일괄 사표 제출

4월 23일
장면, 부통령직 사임

4월 25일
교수단 300여 명 시위(대통령·국회의장 등 총사퇴 요구)

4월 26일
이승만 대통령 하야 발표

4월 27일
이승만, 대통령 사퇴서 제출(허정 대통령 권한대행 체제 출범)
국회, △이 대통령 즉시 하야 △정·부통령 선거 재개 △내각제 개헌 의결

4월 28일
부통령 이기붕 일가 자살

6월 15일
내각제 개헌안 국회 통과·공포(제2공화국 출범)

5월 3일
허정 대통령 권한대행, 5개 시정방침 발표

5월 29일
이승만 하와이 망명

7월 29일
제5대 총선거 실시
한국교원노동조합총연합회 발족

8월 8일
제2공화국 민·참의원 개원

8월 13일
윤보선, 제4대 대통령 취임

8월 23일
장면내각 출범

10월 8일
법원, 3·15부정선거 원흉 등에 솜방망이 처분

10월 11일
반혁명 규탄대회 개최, 4월 혁명 부상자들 민의원 본회의장 점거
민의원, 헌법 개정과 특별법(민족반역자 처벌 등) 제정 결의

10월 17일
특별법 제정 위한 헌법개정안 양원(참·민의원) 통과

10월 22일
맨스필드 미 하원의원, "한국 중립화 통일 모색해야" 주장

9월 24~25일
고려대에서 전국대학생시국토론회 개최 (중립화 통일 운동 논의)

11월 1일
서울대 민족통일연맹(민통련) 발기 모임

11월 2일
정부, 오스트리아식 중립화 통일 방안 반대 및 국가보안법 보강 시사.
국회 '대한민국 헌법 절차에 따른 자유선거 실시' 결의안 의결

11월 29일
정부, 개정헌법 공포

11월 30일
부정축재처리법 제외한 3개 특별법안 민의원 통과

12월 12일
서울시 및 각도 의회의원 선거 실시

12월 29일
서울특별시장 및 각도지사 선거 실시

12월 31일
부정선거 관련자 처벌법·반민주행위자 공민권 제한법 제정·공포

1961년

1월 25일
정부, 반민주행위자공민권제한법에 따른 1차 해당자 609명 공고

2월 8일
미국의 감독권 강화 등 담은 한미경제협정 체결

2월 13일
혁신계 정당과 사회단체들 '한미경제협정 반대공동투쟁위원회' 결성

2월 25일
진보세력 통일운동 구심체 '민족자주통일협의회'(민자통) 결성

2월 28일
민·참의원, 한미경제협정 비준안 의결

3월 22일
2대 악법(데모규제법, 반공법) 반대 시위

4월 12일
유엔, 남북대표 동시초청안 의결

4월 19일
서울대생 '4·19 제2선언문' 발표(반외압세력 등 3반운동 선언)

5월 3일
서울대 민통련, 남북학생회담 제안

5월 5일
19개 대학 민족통일전국학생연맹 결성준비대회 개최 및 공동선언문 발표 (남북학생회담 판문점 개최 제안)

5월 13일
민자통 주최 남북학생회담 환영 및 통일 촉진 궐기대회 개최

5월 16일
5·16군사쿠데타 일어남